入門GDP統計と経済波及効果分析

【第3版】

李　潔

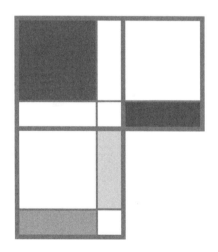

大学教育出版

は し が き

　本書は学部の学生を対象に15回の講義におさめる内容で，興味がもてる，わかりやすいテキストを目標としています．

　経済統計の集大成といえる国民経済計算（SNA: System of National Accounts）は，裾野が非常に広い学問ですが，本書はその中心指標で，みんなに馴染みやすい GDP を切口に展開します．第1章から第5章では，生産の境界，国内概念と国民概念，総概念と純概念，GDP 三面等価と産業連関表，物価指数と GDP を実質化する方法という順に，基本的な諸概念を数値例や実際の統計データを使いながらわかりやすく解説します．第6章と第7章は，産業連関表の持つもう一つの役割である経済波及効果分析についての解説です．第1章から第7章が本書の基本編に当たります．

　ほとんどすべての経済統計データを動員して推計される GDP 統計は，国際基準である SNA によって定義されていますが，この高度な加工統計は当然ながら各国の社会経済制度や基礎統計に依存します．第8章では，SNA 先進国の日本と MPS から SNA へ移行する国の代表格としての中国について，その GDP 推計方法の相違について考察しました．本書の拡張編に当たります．

　また，本書と密接な関係があり，とくに重要と思われるカテゴリを随所にコラムの形で取り入れています．

　本書をまとめる際に，黒子正人氏（埼玉大学大学院経済科学研究科博士前期課程修了）に通読していただき，多くの有益なコメ

ントをいただきました．さらにコラム⑪と付録 1 の執筆を引き受けてくださいました．感謝いたします．

　最後に本書は筆者が所属する埼玉大学経済学会の助成金を受けて出版させていただいたことに御礼を申し上げます．

　2016 年新春

＊　　　＊　　　＊

　第 2 版について

　2016 年 4 月の初版の後，同年 12 月に行われた平成 23 年基準改定に伴い，JSNA（日本の国民経済計算）が 2008SNA に対応するようになりました．この改定版は計数の差し替え，さらに内容の充実を図りました．

　2018 年夏

＊　　　＊　　　＊

　第 3 版について

　この改定版は一部計数の差し替え，わかりやすさと内容の充実にいっそう努めました．

　2023 年新春

李　潔

入門 GDP 統計と経済波及効果分析　第 3 版

目　次

第 1 章

国民経済計算概論

1. はじめに

　国内総生産（GDP：Gross Domestic Product）は国民経済計算体系（SNA：System of National Accounts）の中心指標で，SNA によって定義されています．

　GDP はとても有名ですが，SNA あるいは「国民経済計算」の知名度が一般的に低くなじみが薄いため，10 年ほど前から，国民経済計算の統計作成を担当する内閣府は，「国民経済計算」と並行して，「GDP 統計」という表現を使用するようになりました．この表現から，GDP 統計は，GDP というひとつの集計値を指すだけではなく，その周りの統計も含め，より広い意味（GDP 統計＝国民経済計算）が込められていることがわかります．

　「国民経済計算とは」として，内閣府ウェブサイトでは次のように記述しています．

　　国民経済計算は，我が国の経済の全体像を国際比較可能な形で体系的に記録することを目的に，国連の定める国際基準（SNA）に準拠しつつ，統計法に基づく基幹統計[1] として，国民経済計算の作成基準及び作成方法に基づき作成される．

　国民経済計算は「四半期別 GDP 速報」と「国民経済計算年次推計」の２つからなっている．「四半期別 GDP 速報」は速報性を重視し，GDP をはじめとする支出側系列等を，年に８回四半期別に作成・公表している．「国民経済計算年次推計」は，生産・分配・支出・資本蓄積といったフロー面や，資産・負債といったストック面も含めて，年に１回作成・公表している．

　この解説に出てくるいくつかのキーワードを使いながら国民経済計算について考えてみましょう．

コラム①　ストック（stock）とフロー（flow）

　時間の捉え方によって，統計はストック（あるいは静態統計という）とフロー（あるいは動態統計という）に分類できます．

　ストックとは，ある時点に存在する量のこと．人口数や企業数，資産額などがこれに該当します．フローとは，一定期間に流れた（生じた）量のこと．出生・死亡数，生産額，所得などがこれに該当します．

　両者には密接な関係があります．

期首ストック＋期間フロー＝期末ストック

　例えば，国勢調査は５年ごとに行われますが，国勢調査実施年の次の年の人口は，国勢調査による人口に，次の年までの人口の自然増減（出生数−死亡数）と社会増減（転入数−転出数）を加えることによって求められます．

　国民経済計算が描こうとしている経済循環もこの関係を利用しています．

▶1　【基幹統計】公的統計の根幹をなす重要性の高い統計．国勢統計，国民経済計算，労働力統計，小売物価統計，家計統計，法人企業統計，経済構造統計，産業連関表などの 53 の統計が指定されている（令和元年５月 24 日現在）．

2. 経済の全体像を体系的に記録

　国民経済計算は「国全体の帳簿」または「一国経済に適用された会計学」と呼ばれるように，勘定（accounts）の形で経済のさまざまな側面をひとつの体系のなかで整合的に記録し，一国の経済と循環構造を総合的にとらえるための統計です．

　図1-1に示す経済循環の概念図では，期首の資産・負債といったストック（＝前期の期末ストック）からスタートして，1年間に行われる経済活動（フロー）が，海外との取引を含め，生産・分配・支出・資本蓄積といったプロセスとして勘定の形で記録されます。さらにこれら経済活動以外の要素によるストックへの影響を記録する調整勘定がプラスされて，最終的に経済の営みの結果として積み上げられる期末の資産・負債といったストックにつながる，1年間の経済循環が示されています．

　この経済循環図を年に1回作成・公表される「国民経済計算年次推計」を利用して描いた1991年（1968SNA），2004年（1993SNA）と2020年（2008SNA）の日本経済の循環を図1-2，図1-3と図1-4に示しています．

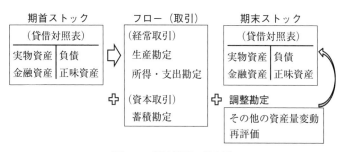

図1-1　経済循環の概念図

期首ストック（1991年）

1991年就業者数 6,707万人 うち雇用者数 5,427万人	1990年期末貸借対照表勘定	
	実物資産 3,491.8 金融資産 3,661.4	負債 3,612.2 正味資産（国富）3,541.0

労働　　　⇩　　　資本

期間フロー（1991年）

概念分類　　　日本の統合勘定

（経常取引）

生産勘定　→　1. 国内総生産と総支出勘定

（主要指標：産出額 924.2, GDP 450.8, 雇用者報酬 251.9, 営業余剰 100.7, 固定資本減耗 68.3,【参考】GNP 454.0）

所得・支出勘定　→　2. 国民可処分所得と処分勘定

（主要指標：国民可処分所得 386.9, 民間最終消費支出 255.3, 政府最終消費支出 41.2, 貯蓄 90.0）

（資本取引）

蓄積勘定　→　3. 資本調達勘定

（主要指標：総固定資本形成 142.8,［控除］固定資本減耗 68.3, 在庫品増加 3.2, 海外に対する債権の純増 9.8）

4. 海外勘定

（主要指標：輸出 46.8, 輸入 38.5, 海外からの所得（純）3.2, 経常移転（純）▲0.3, 資本移転（純）▲1.4）

調整勘定（1991年）

実物資産 ▲202.0 金融資産 ▲17.6	負債 ▲10.3 正味資産（国富）▲209.3

期末ストック（1991年）

1991年期末貸借対照表勘定	
実物資産 3,367.4 金融資産 3,704.3	負債 3,752.6 正味資産（国富）3,419.1

図1-2　1991年日本経済の循環（単位：兆円）

出所：経済企画庁（1993）『平成3年国民経済計算年報』（1968SNA・昭和60年基準）より作成

期首ストック（2004年）

2004年就業者数 6,368万人 うち雇用者数 5,441万人	2003年期末貸借対照表勘定	
	非金融資産 2,481.9 金融資産 5,538.9	負債 5,366.1 正味資産（国富）2,654.7

労働　　　　⇩　　　　資本

期間フロー（2004年）

概念分類　　　　日本の統合勘定

（経常取引）

生産勘定　→　1.　国内総生産勘定（生産側及び支出側）

（主要指標：産出額 924.9, GDP 496.1, 雇用者報酬 255.4, 営業余剰
・混合所得 92.9, 固定資本減耗 105.4,【参考】GNI 505.7）

所得・支出勘定　→　2.　国民可処分所得と使用勘定

（主要指標：国民可処分所得 391.9, 民間最終消費支出 284.9, 政府
最終消費支出 89.1, 貯蓄 20.9）

（資本取引）

蓄積勘定　→　3.　資本調達勘定

（主要指標：総固定資本形成 113.4,［控除］固定資本減耗 105.4, 在
庫品増加 ▲0.9, 純貸出 18.1）

4.　海外勘定

（主要指標：輸出 66.3, 輸入 56.7, 海外からの所得（純）9.6, 経常
移転（純）▲0.6, 資本移転（純）▲0.5）

調整勘定（2004年）

非金融資産 ▲27.7 金融資産 45.9	負債 51.0 正味資産（国富）▲32.8

期末ストック（2004年）

2004年期末貸借対照表勘定	
非金融資産 2,461.2 金融資産 5,666.5	負債 5,480.7 正味資産（国富）2,647.0

図1-3　2004年日本経済の循環（単位：兆円）

出所：経済企画庁（2006）『平成16年国民経済計算年報』（1993SNA・
平成12年基準）より作成

期首ストック（2020年）

2020年就業者数 6,827万人 うち雇用者数 6,048万人	2019年期末貸借対照表勘定	
	非金融資産 3,319.8	負債 7,682.5
	金融資産 8,041.9	正味資産（国富）3,679.2

労働　　　　　　　　　　　資本

期間フロー（2020年）

概念分類　　　　日本の統合勘定

（経常取引）

生産勘定　→　1.　国内総生産勘定

（主要指標：産出額 981.7，GDP 538.2，雇用者報酬 283.2，営業余剰・混合所得 73.7，固定資本減耗 135.6，【参考】GNI 557.7）

所得・支出勘定　→　2.　国民可処分所得と使用勘定

（主要指標：国民可処分所得 418.9，民間最終消費支出 289.5，政府最終消費支出 113.2，貯蓄 16.2）

（資本取引）

蓄積勘定　→　3.　資本勘定・金融勘定

（主要指標：総固定資本形成 136.5，［控除］固定資本減耗135.6，在庫変動 0.3，純貸出 15.7）

4.　海外勘定

（主要指標：輸出 83.7，輸入 85.0，海外からの所得（純）19.5，経常移転（純）▲2.3，資本移転（純）▲0.2）

調整勘定（2020年）

非金融資産 ▲11.7	負債 ▲4.2
金融資産 ▲20.1	正味資産（国富）▲27.5

期末ストック（2020年）

2020年期末貸借対照表勘定	
非金融資産 3,309.2	負債 8,223.4
金融資産 8,582.7	正味資産（国富）3,668.5

図1-4　2020 年日本経済の循環（単位：兆円）

出所：内閣府（2022）「2020 年度国民経済計算年次推計」（2008SNA・2015 年基準）より作成

　「国民経済計算年次推計」では，一国経済（JSNA では「**統合勘定**」と呼ぶ）のほか，生産勘定では産業別（JSNA では「**経済活動別▼2**」と呼ぶ）についても，また，所得支出勘定，資本勘定・金融勘定，貸借対照表勘定では家計・企業・政府・海外といった経済主体別（JSNA では「**制度部門別▼3**」と呼ぶ）についても作成・公表されています．例えば，所得支出勘定を見る場合は，統合勘定としての「2. 国民可処分所得と使用勘定」では分配の構造がわかりません．生産活動によって発生する所

▼2　経済活動別分類（Classification of economic activities）とは，生産技術の同質性に着目した分類で，財貨・サービスの生産及び使用についての意思決定を行う主体の単位「事業所（establishment）」が統計の基本単位となっている．従来は，大きく市場生産者を意味する「産業」，非市場生産者を意味する「政府サービス生産者」と「対家計民間非営利サービス生産者」に大きく区分した上で，内訳分類を設けていたが，2016 年以後このような区分を取りやめ，国際標準産業分類 ISIC Rev.4（コラム⑩を参照）に近い分類となった．

▼3　制度部門別分類（Classification of institutional sectors）とは，所得の受取や処分，資金の調達や資産の運用についての意思決定を行う居住者主体（これを「制度単位」という）に関する分類で，5 つの制度部門になる．そのうち，**非金融法人企業**（Non-financial corporations）は，民間の事業法人と公団などの公的企業からなる．**金融機関**（Financial corporations）は，銀行，証券，保険などの民間金融機関と日本銀行を始めとする公的金融機関を含む．**一般政府**（General government）は，公共部門から公的企業と公的金融機関を除き，一般行政，教育，廃棄物処理などを含む．**家計**（個人企業を含む）（Households (including private unincorporated enterprises)）は，基本的に消費者だが，個人企業の会計が分離できないため，生産主体としての性格も備えている．**対家計民間非営利団体**（NPISH：Private non-profit institutions serving households）は，私立学校，社会福祉団体など，民間の自発的な意思によって結成され，非営利的な活動に従事する団体である．

得がどのような経路でだれ（どの経済主体）に分配・再分配され，また各経済主体によってその可処分所得が消費や蓄積にどのように使用されるかは，「制度部門別所得支出勘定」で明らかにされます．とくに家計部門の所得支出勘定に対する関心が高いようです．また，資本・金融勘定も同じですが，一国全体の総合勘定よりも，企業や金融機関または政府といった「制度部門別資本勘定・金融勘定」に対する関心が高いです．

3. 国際比較のための国際基準

SNA は国連などの国際機関によって定められる国際基準です．所得水準や経済成長率などの国際的な比較を行い，各国の経済の実態を明らかにするために，GDP を含め，国民経済計算は世界中のほとんどの国で作成・公表される統計です．

約 70 年の歴史を持つ SNA はこれまで数次の改訂が行われ，その都度，当然ながら GDP の範囲・定義を含め，SNA 体系にも変更がありました．

初期段階の「旧 SNA」あるいは「1953SNA」は，経済循環のなかでもとくに国民所得の生産・分配・支出（国民所得勘定）を対象範囲とした比較的小さい体系でした．数次の小改訂を経たのち，1968 年に大幅に改訂され，それまでにすでに存在していた国民経済に関する諸統計：産業連関表（SNA では，U 表・V 表），資金循環統計（SNA では，資本調達勘定の金融取引表），国際収支統計（SNA では，海外勘定），国民貸借対照表が新たに SNA の枠組みに取り入れられました．「新 SNA」あるいは「1968SNA」は実物面・金融面，フロー・ストックといったあら

表 1-1　SNA の沿革と日本の対応

国際基準	主な内容	日本の対応時期
1953SNA （旧 SNA と呼ばれ たもの）	経済のフロー面を捉える 「国民所得勘定」の整備	1953 年「昭和 26 年国民 所得報告」以来，毎年公 表．旧 SNA 準拠の計数 は 1966 年から
1968SNA （新 SNA と呼ばれ たもの）	5 大経済勘定を包含する 包括的な統計体系へ	1978 年に移行
1993SNA	所得支出勘定の細分化， 無形固定資産の導入，間 接的に計測される金融仲 介サービス（FISIM）の 配分，サテライト勘定の 提唱など	2000 年に移行 （一部 2005 年，2011 年）
2008SNA	知的財産生産物の導入 （R&D 資本化），兵器シ ステム資本化，金融資産 多様化の対応など	2016 年に移行 （一部 2020 年）
2025SNA（仮）	デジタリゼーションやグローバリゼーションへの対 応など	

表 1-2　国民経済計算の諸要素（5 大経済勘定）

国民貸借対照表（NBS）：国全体のバランス・シート（ストック）
産業連関表（IO）：財・サービスの生産費用構造や需要構造
国民所得勘定（NIA）：国全体の所得・支出勘定
資金循環統計（FOF）：国民経済の資金の流れ
国際収支統計（BOP）：輸出・輸入など海外との経常取引

ゆる側面を包括する，まさに「経済の全体像」を記録する大きな
体系に発展しました．日本は1978年に高い完成度をもってこの
大きな新 SNA 体系に移行しました．

　四半世紀を経て，1993年に新 SNA もまた大改訂されました．
1968SNA は冷戦時代における西側先進諸国向けの国民経済計算
のマニュアルでしたが▼4，1993SNA は，「SNA への収束」とい
う言葉に示されるように，冷戦の終了に伴い，旧社会主義諸国
を含め，あらゆる国の国民経済計算のマニュアルとなりました．
SNA が本当の意味での「国際基準」になったのはこの 1993SNA
からです．

　また，国連（UN）だけでなく，ヨーロッパ共同体（EC）委
員会，国際通貨基金（IMF），経済協力開発機構（OECD）と世
界銀行の共同で刊行することによって，マニュアル作成が IMF
によって主導される資金循環統計や国際収支統計との調和も図ら
れ，あらゆる統計の「SNA への収束」となりました．

　科学技術進歩などの社会経済状況の変化に対応して，
1993SNA では，それまで実物に限定されてきた総固定資本形成
（投資）の概念にソフトウェアなどの無形固定資産項目を追加導
入し，いわゆる資産境界の拡大（生産境界の変化なしで，中間財
定義の縮小による最終財・付加価値定義の拡大 ⇨ GDP 定義の
拡大）が行われました．また，「混合所得」概念の提起や「消費
概念の二元化」など諸概念の明瞭化が図られ，勘定体系として，
特に所得支出勘定の細分化（第 1 次所得の配分勘定，所得の第 2
次分配勘定，現物所得の再分配勘定，所得の使用勘定への）が行

▼4　東側の中央計画経済諸国については，コラム②を参照．

われました．さらに，従来の主体系に対し，付帯的体系としての「サテライト勘定」[5]の作成が提唱されました．日本のSNA統計は2000年に行われた基準改定（基準年を1990年から1995年へ）に伴い1993SNA体系に移行しました．

　時代が進み，グローバル化などによる経済状況の変化に対応して，2008年から2009年にかけて国連からまた新たなSNAが勧告されました．この2008SNAが現時点での最新の国際基準です．

　1993年の改定と比べ，勘定体系の変更はありませんが，2008SNAでは，新たに「資本サービス」の概念が導入され，知的財産生産物（Intellectual Property Product）の重要性の高まりと称して，新たに研究開発（R&D）の費用が総固定資本形成（投資）に追加され，〈特に先進国の〉GDPが大きくなる方向に資産境界がいっそう拡大されました．また，GDPの大きさではなく，その内訳に影響を与えるものとして，支出側では兵器システムの投資計上，分配側では雇用者ストックオプションの導入や企業年金の記録方法の変更などがありました．一般政府，公的部門，民間部門の分類基準がより明確にされ，急速に発展・変化している金融部門に対して諸概念の明瞭化・詳細化が図られ，また，グローバル化の進展に伴い，増加する仲介貿易や加工貿易の取扱など広範な事項について変更がありました．日本は2016年

▼5　サテライト勘定とは，主体系の一貫性を保ちながら，政策的に重要な分野について関連する情報を整理・統合して示すものである．例えば，環境・経済統合勘定体系」（SEEA：Satellite System for Integrated Environmental and Economic Accounting），旅行・観光サテライト勘定（TSA：Tourism Satellite Account），無償労働の貨幣評価（コラム④を参照），介護・保育サテライト勘定などがある．

に行われた基準改定（基準年を 2005 年から 2011 年への）の際に 2008SNA に移行しました（詳細についてはコラム⑧を参照）.

　次期の改定は，2025 年の国連統計委員会の採択に向けて次の 4 つを柱に検討が行われています．①グローバル化：輸出入の評価，多国籍企業（MNEs）の取扱，特別目的会社（SPEs）の取扱，工場を持たない財の生産者（FGPs）の取引記録，海外勘定における留保利益の取扱，②デジタル化：データの価値計測と SNA の資産境界，無償デジタル生産物の取扱，デジタル供給・使用表（SUT），暗号資産の計上，③ Well-being 及び持続可能性：家計所得・消費・貯蓄及び富の分布，自然資源枯渇の計上，家計の無償労働，④コミュニケーション：統計公表の在り方や用語の見直し．この新しい国際基準に対して，統計委員会は「今回は速やかに移行を目指」すとしています（内閣府［2022］「2008SNA 改定に向けた状況」などを参照）.

コラム②　SNA と MPS の主要指標比較

　国民経済計算体系では，西側の先進市場経済諸国で誕生した SNA 体系のほかに，もうひとつ，東側の中央計画経済諸国から生まれた物的生産体系（MPS：Material Product System）がありました．SNA が市場経済諸国の戦後のケインズ的な政策運営を支えた勘定体系であったのに対し，MPS は，同じ時期に中央計画経済諸国の経済運営を支え，それに根差した体系でした．MPS の基準書も国連によって承認・刊行されていました（United Nations［1971］）.

　MPS はマルクス経済学に基礎づけられた体系で，生産かどうかの判定基準は市場経由の有無に依存せず，社会全体にとって使用可能な物財をもたらすかどうかで生産境界とし，経済活動が大きく物的生産部門と非物的部門に分類されます.

表 1　2020 年日本産業連関表

(単位：兆円)

		中間消費		最終需要			(控除)	総産出
		物的生産部門	非物的部門	最終消費	総資本形成	輸出	輸入	
投入	中間	物的生産部門	265	64	162	120	69	−83	598
		非物的生産部門	60	54	241	24	16	−14	381
付加価値		固定資本減耗	69	67					
		純付加価値	205	196					
総投入			598	381					

出所：内閣府『2020 年 SNA 産業連関表』より算出作成

表 2　2020 年中国産業連関表

(単位：兆円)

		中間消費		最終需要			(控除)	総産出
		物的生産部門	非物的部門	最終消費	総資本形成	輸出	輸入	
投入	中間	物的生産部門	1,882	257	370	635	281	−238	3,186
		非物的生産部門	278	188	493	36	10	−14	992
付加価値		固定資本減耗	163	70					
		純付加価値	863	477					
総投入			3,186	992					

出所：中国国家統計局『2020 年全国投入産出表』より算出作成
注：換算為替レートは 1 元＝15.48 円である.

　まず，財貨にかかわる生産活動を物的生産部門とします．物的生産部門で行われる労働が「生産的労働」とみなされ，その生産活動の成果だけが勘定の対象とされます．物的生産には，財貨の生産のほか，その財貨の流通（貨物輸送，財貨の取引）で消費された労働が生産過程の延長とみなされます．後者は物的サービスともいいます．すなわち，物的生産部門は農業，鉱工業，建設業，輸送（人の輸送が含まれず，財貨のみ）・通信と商業・飲食業から構成されます．

一方，非物的部門は，人々の個人的必要と社会的必要を満たす目的で，居住者にサービスを提供するように向けられたすべての活動が包括されます．社会的労働を非物的分野に投入しても，社会が処分しうる物財の総量を増加させることにはならないので，生産成果の再分配とみなされます．

MPS 体系の主要な集計量として，①社会的総生産（物的生産部門の産出額）と②国民所得あるいは社会的純生産（①から財・物的サービスの中間消費と固定資本減耗を差し引く）があります．

13 頁の表 1 と表 2 は日本と中国の産業連関表を使用して MPS概念の「物的生産部門」と「非物的部門」に整理したものです（ただし，輸送業については財貨の輸送と人の輸送に分離することができないため，本書ではまとめて「物的生産部門」としました）．表中の「非物的部門」に関する   部分を外すと，MPS概念の産業連関表になります．

同表から 2020 年の場合では，SNA 体系の主要指標として，全体の産出額では日本 979，中国 4,178 兆円；国内総生産 GDP では日本 536，中国 1,573 兆円；国内純生産では日本 401，中国 1,340兆円ですが，MPS 体系の主要指標として，社会的総生産（物的生産部門総産出）では日本 598，中国 3,186 兆円；国民所得あるいは社会的純生産（物的生産部門産出額から物的生産部門からの中間投入と固定資本減耗を引いたもの）では日本 264，中国 1,141兆円となります．

MPS 関係の参考文献

＊United Nations［1971］Basic Principles of the System of Balances of the National Economy, Studies in Methods, Series F. No.17, New York.（盛田常夫，作間逸雄訳「国際連合：国民経済バランス体系の基本原理」『労働社会研究』，23 巻 3・4 号，1977 年，24 巻 1・2 号，1978 年，24 巻 3 号，1978 年）

＊許憲春著・作間逸雄監修・李潔訳者代表（2009）『詳説中国GDP 統計 ― MPS から SNA へ』新曜社

4. SNA と基礎統計

経済の全体像を示す SNA は，経済統計の集大成で，高度な**加工統計**です．**統計法**は新たに加工統計としての国民経済計算を**基幹統計**に指定し，SNA を経済統計の体系的整備・改善の中核として位置づけています．

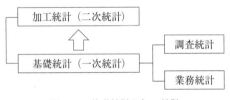

図1-5　基礎統計と加工統計

他方，GDP 統計を推計するために，社会経済に関連するほとんどの全数調査や標本調査の結果，さらに膨大なさまざまな業務資料が動員されます．それらの基礎統計を踏まえて推計されるGDP 統計は，当然ながらその精度がこうした一次統計の豊富さや精確さに依存します．

SNA は国際基準ですが，それぞれの国は統計制度が異なり，既存の多くの一次統計などは当然ながら同じではありません．実際，GDP 推計には各国でそれぞれ異なる推計方法が確立されています．例えば，経済統計として最も注目されている「四半期別GDP 速報」は，日本では従来支出側系列（消費・投資・輸出入といった需要側）のみの公表が行われてきました．これは世界の主流とは必ずしも一致しません．先進諸国のほとんどは，生産，

分配,支出と3つの尺度でのGDPが推計・公表されています.このため,長年にわたり検討を重ねた結果,2022年にようやく「生産側系列の四半期速報(生産QNA)(参考系列)」の公表にたどり着いたのです.

実務面でGDP統計がどのように推計されているかを(ユーザの立場から)考えることも,本書の特徴のひとつです.とくに日本と中国はSNAの導入経緯や統計制度,既存統計の相違によって,GDP統計の推計方法が大きく異なっています.第8章では,SNAの先進国としての日本と,MPSからSNAへ移行する国の代表格としての中国について,そのGDP推計方法をいくつかの面から考察します.

5. 県民経済計算

内閣府は国の基幹統計として「国民経済計算」を作成しますが,各都道府県は自主事業として「県民経済計算」を作成・公表しています.

> 県民経済計算は,都道府県(以下県という)内,あるいは県民の経済の循環と構造を生産,分配,支出等各方面にわたり計量把握することにより県経済の実態を包括的に明らかにし,総合的な県経済指標として,県の行財政・経済政策に資することを目的としている(内閣府ウェブサイトより).

県民経済計算は,それぞれの都道府県等により,1983年から1968SNA,2002年から1993SNA,さらに国より2年遅れて2018年から2008SNAに準拠して計数の作成・公表が行われて

きました．それと同時に，内閣府は，全都道府県・政令指定都市が作成する経済活動別県内総生産，県民所得，県内総支出とその主要構成項目，実質経済成長率などの主要係数を取りまとめ，『県民経済計算年報』として刊行し，同内容を内閣府「国民経済計算（GDP 統計）」のウェブサイトにも公表しています．

　国民経済計算では，国内総生産や国民総所得（GNI：Gross National Income）が中心指標であることに対し，県民経済計算では，県内総生産（GRP：Gross Regional Product）や県民所得（＝県民雇用者報酬＋財産所得＋企業所得）が主要指標となります．また，「1 人当たり県民所得」もよく注目される指標です．表 1-3 に県民経済計算を 7 地域ブロックにまとめた 2018 年度の主要指標を示します．

　県内総生産の合計は日本の国内総生産と一致すべきだと考える人が多いようです．県民経済計算の国民経済計算との整合性の問題は，従来関心が高くよくマスコミにも取り上げられてきました．表 1-3 に示すように，公表されている県内総生産の合計はGDP と等しくなく，また，県民所得の合計も国民所得と等しくないことがわかります．

　前節に取り上げたキーワード「加工統計と基礎統計との関係」がこの問題を考える重要なヒントになるかもしれません．国（県）民経済計算は高度な加工統計ですので，その推計は膨大な数の一次統計に依存します．国民経済計算は，国の基幹統計として，その推計に使用される一次統計の整備が，統計法を根拠にして潤沢な予算と強力な人員配置の下で行われています．

　一方，県民経済計算は各都道府県の自主事業として，少ない予算とわずかな人員（各県 2 〜 3 人程度）で行われ，推計するため

表 1-3　2018 年度県民経済計算と国民経済計算

単位：兆円（総額），万円（1 人当たり）

県民経済計算（2008SNA・平成 23 年基準計数）			
地域ブロック	県内総生産	県民所得	1 人当たり県民所得
北海道・東北	63.1	45.8	281.5
関東	231.7	178.2	385.4
中部	87.8	61.6	343.3
近畿	86.1	63.0	306.4
中国	30.3	21.6	295.1
四国	14.4	10.6	283.2
九州	52.1	38.5	268.9
全県計（平均）	565.6	419.5	331.7
国民経済計算（2008SNA・平成 23 年基準計数）			
	国内総生産	国民所得（要素費用表示）	1 人当たり国民所得
日本	548.4	404.3	319.7
開差率（％）	3.1	3.8	3.8

出所：内閣府「県民経済計算」と「国民経済計算年次推計」より作成

注：ここで，開差率（％）＝（全県計－日本）÷日本×100

に利用可能な基礎統計は国民経済計算に比べてかなり貧弱といえます．また，当然ながら，推計手法と結果はこのような基礎統計の質と豊富さに制約を受けます．各都道府県は内閣府によって作成される「県民経済計算標準方式」に基づき推計を行いますが，県ごとの基礎資料の整備状況，推計の発展段階も異なり，その推計方法は必ずしも全都道府県同一ではないことが指摘されています．

　このことは，GDP 統計の国際比較にも共通する問題といえます．

コラム③　統計法と統計利用

　統計法が60年ぶりに抜本改正（平成19年〔2007年〕法律第53号）され，2009年4月に全面施行されました．これにより，統計法の基本理念が，これまでの「行政のための統計」から「社会の情報基盤としての統計」へと大きく転換されました．

　ユーザーの利便性を図り，「政府統計の総合窓口（e-Stat）」が開設され，各府省（分散型統計機構）が公表する統計データを一つにまとめ，いつでも誰でも知りたい統計データを簡単に検索して，パソコンにダウンロードできるほか，データベース化されたデータを使ってグラフを作成したり，統計データを地図上に表示したりする機能なども備えています．『日本統計年鑑』などの統計書もそこから簡単にダウンロードできます．

　また，学術研究や高等教育の分野で公的統計の活用を図るための二次的利用制度として，「匿名データの提供」と「委託による統計の作成など」（オーダーメード集計）のサービスが提供されるようになりました．

　国民経済計算との関係として，旧統計法（昭和22年〔1947年〕法律第18号）は調査統計のみを対象としましたが，現統計法は国民経済計算を基幹統計とし，経済統計の体系的整備の中核として位置づけるようになりました．

第 2 章

G・D・P とはなにか

GDP は経済指標の王様であり，経済成長率は実質 GDP の増加率で算出されます．だれもが知っているこの GDP をめぐって，さまざまな寓話や批判があり，また多くの誤解も存在します．

一昔前の経済成長率には GDP ではなく，GNP（Gross National Product，国民総生産）が使われていました．しかし，1990 年代に GDP に変更され，さらに，高度経済成長期の流行語であった「くたばれ GNP」が現実になったかのように，2000 年から GNP の名称は日本の公式統計から姿を消しました．

本章では，GDP とはなにかという問いに対し，まず，その名称の各パーツから考察します．

1. GDP の生産境界

まず，一番後にある P（Product，生産）から始めましょう．

「生産」とはなにか，経済学で最も重要な概念であり，それに対する考えの相違によって経済学の中に様々な学派が分かれていると言っても過言ではないでしょう▶1．SNA が描こうとする経済循環図の中でも，あらゆる経済活動の起点は生産であり，生産がすべての富の源泉です．

　また，GDP に対する批判の多くも，その生産境界になにを含むべきか，あるいはそうでないかに関わっています．いくつかの GDP（昔では，GNP でしたが）に対する有名な批判を見ながら考えましょう．

　公害の政治経済学を提唱し，また国民経済計算における三面等価原則の考案・命名者でもある都留重人によって創唱された寓話です．Ａ国とＢ国は人口・資源・経済活動などすべてそっくりですが，ただひとつの違いがあります．Ａ国には蚊がいるのに，Ｂ国には蚊がいないことです．蚊がいるＡ国では蚊取り線香が売れて，所得が追加的に発生しますが，Ｂ国は蚊取り線香が売れませんので，所得の規模が低く現れます．しかし，健康・福祉の観点からいえば，蚊がいないので，その分所得が低いＢ国のほうが好ましいといえます．

　もちろん，この「蚊と蚊取り線香」のほかにもさまざまに敷衍_{ふえん}して説明することができます．例えば，蚊を放射能や花粉に，蚊取り線香を放射能測定器や花粉対策グッズに読み替えれば，昨今の問題にも適用されます．

　昔から行われたこうした批判から，GDP という経済指標はわれわれの豊かさや福祉（物質的な幸福度）を表すものにほど遠いものであり，場合によっては逆の関係さえもあることを教えてくれます．かつて，1960 年の国民所得倍増計画に対し，多くの国民が，家計の収入や生活水準を倍増させることを期待しましたが，やがて高度経済成長がもたらした公害，思うほど上がらぬ月

▶1　例えば，農業の生産だけを一国の富の源泉とする重農主義，また，かつての中国を含め社会主義諸国の公式国民経済計算であった MPS（コラム②を参照）では，生産概念が基本的に財貨の生産に限定される．

収や生活水準の中で，その期待が GNP に対する疑問に変わり，そしてあの「くたばれ GNP」の唱和となっていました．同じことが今，経済高成長の中国でも再現されています．

　もう一つ見てみましょう．アメリカ発祥の話のようですが，ある資産家が彼女の執事と結婚したとします．そして，結婚後も彼女の夫は以前と同様に彼女に仕え，彼女も以前と同様に（ただし賃金としてではなく夫への贈与として）彼へお金を渡します．この結婚は GDP にどう影響を及ぼすでしょうか．

　この話が日本バージョンになると，太郎が雇っている家政婦の花子と結婚することに変わりますが，資産家の彼女や太郎が結婚の形を選択することによって，それまで受けていた有給の市場サービスから，専業主夫や主婦から受ける無給の家事サービスに変わり，（社会全体の豊かさや福祉はなにも変わりませんが）GDP が減少することになってしまいます．なんとも理不尽に感じる人も多いようです．

　アベノミクスの要である「女性の活躍」に関連すれば，これまで主として女性によって担われてきた家事や育児などの無給労働を市場化し，その代わりに女性が市場生産に参加すれば GDP が増え，経済成長につながります．これはまさにその逆バージョンといえます．

　GDP の生産境界を表 2-1 に示します．財の生産は原則的にすべて GDP に含まれます．それには農家の自家用食料の生産や企業の自家用機器設備の生産も含まれます．サービスの生産に関しては，原則として他の経済主体に提供するために行われる生産に限定されます．

　財・サービスの産出額は原則的に市場価格で評価しますが，政

表 2-1　GDP に含まれる生産と含まれない生産

	企業による市場向けの生産	政府や非営利団体による非市場生産	自己最終使用のための生産
GDP に含まれる生産	財・サービスの生産のすべて	財・サービスの生産のすべて	財の生産と家計の持ち家による住宅サービスの生産
GDP に含まれない生産			家計の自給サービス生産

府や非営利団体による非市場生産の産出額はその生産にかかる費用で計測されます.

■帰属計算

　帰属計算 (imputation) とは, 国民経済計算に特有の概念で, 財・サービスの提供ないし享受に際して, 実際には市場でその対価の受払が行われなかったのにもかかわらず, それがあたかも行われたかのようにみなして擬制的に取引計算を行うことです.

　表 2-1 の GDP に含まれる「家計の持ち家による住宅サービスの生産」は SNA の代表的な帰属計算です. 賃貸住宅に住んでいる人は住宅サービスの対価として家賃を支払いますが, 持ち家に住んでいる人はその必要がありません. SNA では, 持ち家賃貸業を擬制的に設定し, 市場借家家賃から「持ち家の帰属家賃」を計算することとなっています[2]. この帰属計算に対しては, 常に賛否両論が存在します.

　一方, 報酬を伴わない家事労働, 例えば主婦 (夫) による育

▼2　SNA における帰属家賃の取扱い, 日本と中国の GDP 統計における帰属家賃の推計方法を第 8 章 (183 頁) で紹介する.

児，介護，家事一般などの自己勘定サービスは，GDP の生産境界の内側に含まれません．前例の「太郎と花子の話」のように，家計の自給サービス生産の取扱いに関して多くの批判を受けてきたにもかかわらず，それが GDP の生産境界内とは見なされない理由として，他の貨幣的取引との比較・加算の困難さ以外に，マクロ経済政策における GDP の有効性を著しく損ないかねないためです．例えば，家事まで GDP に含まれるとすれば経済学の主要概念である失業がなくなり，GDP 指標が景気動向の判断に使用できなくなることが挙げられます．

　1993SNA 以来，このような非市場的な家庭内サービスを把握できるようなサテライト勘定の開発が推奨され，物質的幸福に関するより深い洞察や GDP に対する別の見方をもたらすツールとして使われています．

コラム④　無償労働の貨幣評価

　家事，育児などの無償労働（unpaid work）は，GDP の生産境界（狭義の生産境界）内に含まれませんが，その代わりに，1993SNA では，第三者基準（人に代わってもらえる活動）に基づいて広義の生産境界を並行して提示し，無償労働の貨幣評価を SNA のサテライト勘定として勧告しました．無償労働の貨幣評価額を推計し，市場経済活動と比較可能な形にし，GDP と比較する等の試みが欧米諸国を中心に行われてきました．

　推計方法によって変動がありますが，家事労働は GDP の約 2 ～ 3 割に相当することが示されています．

貨幣評価の方法

　無償労働の貨幣評価額の推計には，通常，時間使用のデータを用いて，これを賃金で評価する手法が用いられます．

(1)　機会費用法（OC 法）

　家事をしていなければ，仕事に出ることができたはずなので，その意味で家事を行うために失った貨幣収入で評価する方法．

(2)　代替費用法スペシャリストアプローチ（RC-S 法）

　市場で類似サービスを購入する費用，つまり，そのサービスの生産に従事している専門職種の賃金で評価する方法．

(3)　代替費用法ジェネラリストアプローチ（RC-G 法）

　家計が行う無償労働を家事使用人の賃金で評価する方法．

無償労働の貨幣評価額対 GDP 比

単位：％

	GDP（兆円）	OC 法	RC-S 法	RC-G 法
1981 年	261	20.4	20.1	14.3
1986 年	341	21.1	19.9	14.4
1991 年	469	21.1	19.4	14.2
1996 年	505	23.0	20.9	15.1
2001 年	506	25.5	21.9	17.2
2006 年	507	26.0	21.2	17.9
2011 年	471	29.4	23.0	20.7
2016 年	538	26.6	20.8	18.8

出所：内閣府（2019）「家事活動等の評価について」より

2.　国内概念と国民概念

　次は真ん中の D（Domestic, 国内）について見てみましょう．これは「生産」に対する一番目の修飾語です．つまり，その「生産」が「国内」で行われる活動に限定するということです．

　「国内」とは，基本的に一国の領土のことで，そこに海外にある大使館，領事館などの用地という「飛び領土」をプラスして，

国内にある諸外国の「飛び領土」を差し引く概念で，とくに問題がありません．

　SNA では，「国内」概念との対比として「国民」概念がときどき登場します．よく知られている GDP と GNP がその代表例です．

　この「国民」概念に対する誤解がよく見受けられます．とりわけ GNP への誤解が根深いようです．「GNP と GDP との違い」といった問いは，経済学に関するさまざまな問題集における伝統的な名問として受け継がれてきました．以下は日本語版ウィキペディア『国内総生産』の1節「2.4 GNP と GDP の違い」からの引用です．

> 　国の経済の規模・成長を測るものさしとして，1980 年代頃までは国民総生産（GNP）がよく用いられたが，これは外国に住む国民の生産量も含んでおり，本来の国の生産量を正確に計ることができないため，近年では外国での生産活動分を除いた国内のみの生産を計る国内総生産を使用することが多くなった．

　ウィキペディアの記述はおそらく標準的な経済学教科書からの写しと考えられますが，このくだりからも，SNA における「国民」概念への誤解が読み取れます．「外国に住む国民の生産量」の測定などは不可能です．

　「国民」といえば，国籍のことを連想する人が多いようですが，法務省によって管轄される国籍法上の国籍は行政上の一属性にすぎません．SNA の目的は一国の経済を見ることですから，国籍ではなく，「経済的利害の中心」を基準として，**「国民」**=**「居住者」**概念を採用しています[3]．「居住」の定義は原則的に1年以上とします．企業の場合には，この「居住」を「活動」に読み

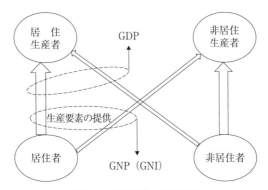

図2-1　国内概念と国民概念

出所：作間逸雄『SNAがわかる経済統計学』有斐閣アルマ　2003年　86
　　　頁より引用

替え，国内領域に一定の場所を持ち，1年以上活動すれば，その
国の居住者とみなされます．つまり，日本の法人企業だけではな
く，日本にある外国企業の子会社・支店，例えば，シティバンク
の銀座支店も日本の「国民」とみなされます．一方，日本企業の
海外にある子会社・支店は日本の「国民」とみなされません．

　図2-1はこの国内概念と国民概念に対応するGDPとかつての
GNPとの関係を非常にわかりやすく説明しています．図中の矢
印は国民（居住者）と海外（非居住者）によって，国内（居住生
産者）と海外（非居住生産者）に向けて，労働や資本といった生
産要素の提供を示します．矢印の反対方向は生産要素の貢献によ
る第1次所得▼4の受取りとなります．

▶3　留学，治療等の目的で滞在する場合，利害の中心が滞在中の国では
　　なく母国にあると考えられるので，居住者から外される．
▼4　第1次所得（Primary Income）とは，経済主体が生産活動に関わ
　　ることによって得る所得で，いわば再分配に回る前の所得と解される
　　（1993SNA用語）．

　GDP は国内（領土±飛び領土）における生産者（居住生産者）が国内外から提供される生産要素を用いて行う財・サービスの**生産活動の規模を測る指標**です．その生産成果がすべて国民（居住者）に向けて分配されるとは限らず，一部は海外（非居住者）にも向けられます（海外に対する所得）．

　一方，GNP は国民（居住者）が労働や資本といった生産要素を国内外の生産者に提供することによって得た**所得を測る指標**です．GNP は国内（居住生産者）だけの生産活動に依存することではなく，海外（非居住生産者）の生産活動成果の一部も享受します（海外からの所得）．

　統計作成においては，GDP が先に推計されます．GNP は GDP 推計値を前提にして，±αで算出されます．つまり，居住者が海外から得た賃金や利息，配当などの要素所得を加え，本国GDP のうち海外へ支払った要素所得を差し引いて算出されます．一般的に企業海外進出の多い先進国では，GNP は GDP より大きいです．また，高成長で生産活動が活発な国では，GDP のほうが大きいです．

　1993SNA では，GNP を GNI（Gross National Income, 国民総所得）に名称変更し，生産ではなく，所得の測度であることを明確化しました．日本では，この勧告を受け，2000 年に行われた「1993SNA」移行に伴い，GNP の名称を廃止しました（コラム⑤を参照）．

　日本では 1953 年に初めて GNP が公表され，戦後高度成長の代名詞として長く親しまれてきました．GNP（GNI）と GDP との開差率の推移を図 2-2 に示します．

　企業の海外進出が少なかった時代では，GNP と GDP とは数

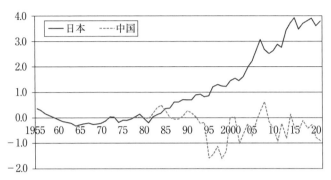

図 2-2　日中 GNI と GDP の開差率の推移（％）

出所：日本は，1955-98 年について内閣府（2001）『国民経済計算報告（長期遡及主要系列　昭和 30 年〜平成 10 年）』より，それ以降について内閣府「国民経済計算年次推計」より算出作成．中国は『中国統計年鑑』各年版より算出作成．

注：ここの開差率は，（GNI − GDP）÷ GDP により算出．

字上は大差がありませんでした．国民がほとんど国内に住み，生産要素を国内企業に提供して，そして所得を得ていました．したがって，国民の所得がほとんど国内の生産活動に依存していました．つまり，「所得＝生産」であったのです．

　国境を超える資本移動が拡大され，経済が国際化するにつれ，GNI と GDP の開きが少し遅れて現れ始めました．日本企業の海外進出は 1970 年代後半から活発になりましたが，最初の数年間にはそれほど利益が上がりませんから，利潤送金は 1980 年代の後半からようやく増え始めました．海外から得た所得と海外に対して支払った所得の差額「海外からの所得の純受取」は 1985 年初めて 1 兆円台を超えました．その後，順調に増え続け，2007 年に 16 兆円，さらに 2015 年前後から 20 兆円超までにのぼりました．両者の対 GDP の開差率は 1996 年に 1％台に入り，現在

コラム⑤　GNPからGNIへ名称変更

　内閣府（当時，企画庁）は2000年に行われた1993SNA移行に伴い，高度成長の代名詞となってきた国民総生産（GNP）を国民総所得（GNI）へと名称変更しました．

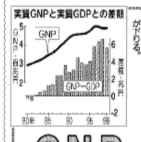

実質GNPと実質GDPとの差額

GNP 50年余の歴史に幕
戦後高度成長の代名詞

企画庁、公表今年度限り

　経済活動の代名詞となってきた「国民総生産（GNP）」が公式統計から姿を消す。経済企画庁が二〇〇〇年度末最後のGNPの公表を打ち切るからだ。国境を越える資本移動が拡大し、国内の生産活動と景気動向をつかめなくなったからだ。GNPでは景気の実態を映しにくくなったと判断、国民所得統計の見直しにあわせてGNPを公表、以来五十年余の歴史に幕がおりる。

　企画庁は前身の経済安定本部時代の一九四八年に初めてGNP統計を公表した。GNPが担っていた役割は国内総生産（GDP）に受け継がれる。

　GNPは日本の居住者が一年間に新たに生み出す財・サービスのこと。生産の総額から原材料の投入分を差し引いた付加価値を示す。これに対してGDPは日本国内で生み出された付加価値を示す。GNPとGDPの差額が九九年に五兆数千億円と比較的高い水準にあるなど、GDPとのかい離が目立っている。

　十一月十日前後に発表の七―九月期GDP速報からはGNPと似た指標として「GNI（国民総所得）」の公表を始める。名目GNIは現行の名目GNPとほぼ同値だが、実質GNIと実質GNPは異なるため、実質GNPに相当する指標はなくなる。

　GNPは高度成長の代名詞として親しまれたが、公害問題を招き憂うる六〇年代末から七〇年代初めにかけては「くたばれGNP」がはやり言葉になった。

　人材や資金が国境を越え、経済が国際化するにつれて、国内の経済活動をつかむ指標としてはGDPの比重が増していた。八〇年代以降は国境をまたいだ賃金や利子・配当など資本の移動が増えていた。

出所：日本経済新聞 2000年11月20日

4%近くまでに推移しています.

　統計作成においては，こうした海外からの要素所得の受取や海外への要素所得の支払に関するほとんどのデータが企業決算などの時期に初めて把握できますので，従来の GNP の増減率で示されていた経済成長率が，この決算時期の影響を受け不規則に変動し，とくに四半期の景気動向判断の障害になりました. このため，1990 年代後半から，それまで長く GNP が担っていた役割はGDP に受け継がれるようになりました.

　対照的な動きとして，図 2-2 に中国の開差率も示しています. 中国の GDP 統計は経済改革・対外開放政策を採った 1978 年から始まります. 1990 年前半まで，両者の開差はほとんどありませんでした. 1993 年鄧小平の南巡講話以降，外国資本の導入を急ピッチで進め，1995 年以降，日本と逆方向の開差が顕著に現れるようになりました. 中国経済の高成長には，対外開放の成果として外国資本の導入による貢献も大きいことが読み取れます.

3. 総概念と純概念

　最後に頭の G（Gross，総あるいは粗）を見てみましょう. これは「生産」に対する 2 番目の修飾語です. つまり，「総」概念としてとらえる「国内生産」ということになります.

　この「総」に関する最も多くの誤解は，おそらく次のようなGDP の定義に対する解釈から生まれているでしょう.

　もう一度学生がよく利用するウィキペディアから引用します.「国内総生産，GDP とは，一定期間内に国内で産み出された付加価値の総額のことである」と定義しています. これは経済学教

科書に最もよく使われ，広く知られている定義です．定義そのものにはとくに問題はありませんが，その解釈に問題があるようです．Pは生産，Dは国内ということで，Gは総に訳し，つまり，総額，合計の意味だろうということになります．

　しかし，先ほど見てきたように，Dは「国内」を指し，当然「一国全体」のことで，その一部ではありません．したがって，合計する必要がありません．SNAにおけるこのGはN（Net，純）に対応する概念で，「なにか控除すべきものがあって，それを控除していない」状態が示されています．GDPの場合にはそれが「固定資本減耗」にあたります．

　各産業の産出額（総産出ともいう）から仕入れた原材料・部品などの中間投入を差し引くことで得た付加価値（純産出ともいう）は，今期の生産成果を表すにはまだ粗い指標であることが示されています．今期の生産活動のために，それまで蓄積されてきた設備などの固定資本が使用され，その減耗分も控除すべきだという意味になります．それを控除したものが本来の今期に新しく産出される付加価値になり，つまり，純付加価値です．一国の場合はNDP（Net Domestic Product，国内純生産）となります．

　同じことは支出側GDPの項目である「総固定資本形成」にもいえます．ここの「総」とは，今期の生産活動によって新しく形成された固定資本の「合計」ではなく，今期の生産活動でそれまで蓄積された固定資本が減耗され，その分が差し引かれていない状態が示されています．

■単純再生産と拡大再生産

「総固定資本形成（投資）」と「固定資本減耗」との関係も重要

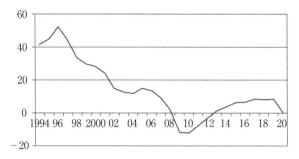

図2-3　日本純固定資本形成の推移（単位：兆円）
出所：内閣府「国民経済計算年次推計」（2015年基準・2008SNA）より算
　　　出作成

です．両者が同額であれば，その経済は単純再生産していること
になります．「総固定資本形成」が「固定資本減耗」より大きい
分だけが，拡大再生産であり，新規の固定資本の増加分になりま
す．図2-3に日本の純固定資本形成の推移を示しています．日
本経済はこれまで拡大再生産が常態とされてきましたが，1966
年からのSNA統計の有史以来初めて，2008年リーマン・ショッ
ク以降縮小再生産を経験する構図が読み取れます．

　しかし，固定資本減耗の推計は実務上非常に難しいです．フ
ローではなく，ストックとしてこれまで蓄積されてきた固定資本
に関する正確な統計は実際ほとんど存在しません[5]．さらに，物
理的な減耗だけでなく，技術進歩による陳腐化も含まれる固定
資本耐用年数の推定はいっそう困難です．このため，NDPより

▼5　日本では，ストックに関する直接調査「国富調査」が1970年に実施
　　されたが，それ以降，行われていない．フローの総固定資本形成デー
　　タと固定資本減耗データさらに価格変動に関するデータで積み上げる
　　「恒久棚卸法」を使って推計されている．

GDP が実際よく利用されるわけです.

また, 図 2-3 に中国が登場しないのは, 中国に「固定資本減耗」の公式統計が存在しないためです.

コラム⑥　分散型統計機構と集中型統計機構

　各国政府の統計機構は, 行政機関に対する考え方や歴史的な経緯などを反映して, 統計調査活動や統計作成が特定の機関 (例えば, 中央統計局) に集中して行われる「集中型」と, 複数の行政機関においてそれぞれの行政分野について独立して行われる「分散型」に大別できます.

　日本の統計機構は, 国の行政機関がそれぞれ所管する行政分野に関する統計を作成する分散型です. 例えば,「国勢調査」や「消費者物価指数」が総務省,「法人企業統計調査」が財務省,「人口動態調査」が厚生労働省,「工業統計調査」や「商業統計調査」が経済産業省,「国民経済計算 (GDP 統計)」が内閣府によって, それぞれ実施・作成されています.

	分散型	集中型
仕組み	それぞれの行政機関に統計の機能を分散させる.	統計を一元的に一つの機関に集中させる.
メリット	・行政ニーズに的確, 迅速に対応することが可能 ・所管行政に関する知識と経験を統計調査の企画・実施に活用できる.	・統計の専門性をより発揮しやすい. ・統計の整合的な体系化を図りやすい.
デメリット	・統計の相互比較性が軽視されやすい. ・統計調査の重複や統計体系上の欠落を招きやすい.	・行政ニーズを的確, 迅速に反映した統計調査が行われにくい. ・所管行政に関する知識と経験を統計調査の企画・実施に活用しにくい.
国の例	アメリカ, イギリス, 日本	カナダ, ドイツ, 中国

(総務省ウェブサイト参照)

第 3 章

GDP 三面等価と産業連関表

　GDP（昔では GNP）の三面等価は経済学で最も重要で基本的な概念であり，ほとんどのマクロ経済学教科書では第 1 章でこれをとりあげています．この概念上の三面等価は統計上でも実現できるでしょうか，あるいはその等価の実現に向けて統計上はどのような努力・工夫が行われているでしょうか．

　本章では，まず，GDP 三面等価とはなにかを考え，その仕組みを理解するために産業連関表を導入します．

1. GDP 三面等価の原則

　マクロ経済学上の原則である三面等価とは，生産面からみても分配面（所得面）から見ても，また支出面から見ても，GDP が同じ値になることを示しています．

■単純化された経済から見る GDP 三面等価

　この三面等価をわかりやすく，単純化した経済で解説することがしばしばあります．図 3-1 に示すような例がよく使われます．この国は，小麦を生産する農家，それを小麦粉に加工する製粉業者，さらに小麦粉でパンを作るパン屋という 3 つの生産者からな

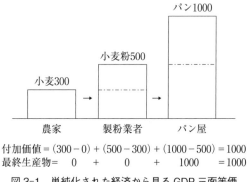

付加価値 = (300 − 0) + (500 − 300) + (1000 − 500) = 1000
最終生産物 =   0   +   0   +   1000   = 1000

図 3-1　単純化された経済から見る GDP 三面等価

ります.

　単純化するため,農家は原材料を使わず,主として土地と農家の労働で生産活動を行います.生産された小麦 300 をすべて製粉業者に売り,製粉業者はこの小麦だけを原材料として設備等を使って加工し,生産された小麦粉を 500 でパン屋に売り,パン屋はそれをパン 1,000 に加工します.そして,この国はみんながパンを食べて生きていますが,800 を食べて,200 を次期用に在庫します.

■生産勘定（Production account）の導入

　この場合の各生産者の生産勘定を表 3-1 に示します.総産出と中間投入の差額として求める付加価値は,生産勘定のバランス項目です.

　ここから GDP の三面等価を考えましょう.

　まず GDP を生産の側面から見ます.農家の生産には原材料の使用が 0 と仮定しましたので,右辺（「貸方」という）300 の総産

表 3-1　個別経済の生産勘定（数値例）

農家		製粉業者		パン屋	
（借方）	（貸方）	（借方）	（貸方）	（借方）	（貸方）
中間投入	中間消費	中間投入	中間消費	中間投入	中間消費
0	300	300	500	500	0
付加価値	最終消費	付加価値	最終消費	付加価値	最終消費
300	0	200	0	500	800
	総資本形成		総資本形成		総資本形成
	0		0		200
総投入	総産出	総投入	総産出	総投入	総産出
300	300	500	500	1000	1000

出（「産出額」ともいう）がそのまま左辺（「借方_{かりかた}」という）の付加価値になります．製粉業者は 500 の総産出から生産に使用した小麦 300 の原材料（「中間投入」という）を差し引いて 200 の付加価値になります．パン屋も同じ 1,000 の産出額から小麦粉 500 の中間投入を差し引いて 500 の付加価値になります．各生産者の付加価値を合計すると，この国の GDP（生産側）は 1,000 です．

　これらの付加価値は，設備などの減価償却を計上したり（「固定資本減耗」という），製粉業者やパン屋の従業員の賃金に支払われたり（「雇用者報酬」という），また，政府への税金として支払われたり（「生産に課される税」という），そして，残りの残差は，自営業者の場合には「混合所得」，法人企業の場合には「営業余剰」（ここからさらに地主への地代や利息などを支払えてから，企業利益のようなものになる）として記録されます．

　このように，生産によって形成された付加価値が各生産要素へ分配される，あるいは各経済主体がこの生産活動への貢献によって得た第 1 次所得（要素所得ともいう）を記録するのは分配

38

側 GDP といいます.「営業余剰・混合所得」の定義（残差）により，分配側 GDP は生産側 GDP と等しくなります．このことを勘定の形で表現すると表3-2の「所得の発生勘定（Generation of income account)」となります．付加価値とその各分配項目が示され，「営業余剰・混合所得」がこの勘定のバランス項目です.

表3-2　所得の発生勘定の項目

（借方）	（貸方）
固定資本減耗 生産に課される税 （控除）補助金 雇用者報酬 営業余剰・混合所得	付加価値

　支出側 GDP は基本的に最終生産物に対する支出です．生産勘定の貸方を見てみましょう．この場合，農家の生産した300の小麦は原材料として製粉業者に，製粉業者の生産した500の小麦粉はパン屋にそれぞれ販売したので，いずれも中間生産物として「中間消費」（あるいは「中間需要」ともいう）に計上されます．この経済の最終生産物は1,000のパンとなります．消費者（家計）は800を買って食べたので，「家計最終消費支出」となり，パン屋の在庫として残される200は投資財（この場合は「在庫変動」，これを「総固定資本形成」とあわせて「総資本形成」になります．マクロ経済学でいう「投資」にあたる）として計上されます．

　もし，500の小麦粉が全部パン屋によって購入されず，一部は家計によって購入される場合には（例えば，自分でうどんなどを作る），その分の小麦粉は「家計最終消費支出」として最終生産

物になります.

　また，政府による非市場生産の産出額は費用で評価されますので，だれによっても需要されない（支払われない）分が政府自身による消費「**政府最終消費支出**」として計上されます.

　表3-1の個別生産勘定を集計しましょう.表3-3に示すように，集計には，**結合**（combination，単純に借方と貸方それぞれの合計を計算する）と**統合**（consolidation，借方と貸方の両方にある項目を相殺する）という2つの方法があります.

表3-3　生産勘定の結合と統合（数値例）

結合生産勘定		統合生産勘定	
（借方）	（貸方）	（借方）	（貸方）
中間投入 800	中間消費 800	付加価値 1000	最終消費 800
付加価値 1000	最終消費 800		総資本形成 200
	総資本形成 200	GDP（生産側）　　1000	GDP（支出側）　　1000
総投入 1800	総産出 1800		

　生産勘定を統合すると，貸方の中間消費（農家と製粉業者が他の生産者に原材料として販売した300＋500）と借方の中間投入（製粉業者とパン屋が原材料として購入した300＋500）が相殺され，GDP勘定（国内総生産勘定）になります.

■統合生産勘定 ⇒ 国内総生産勘定

　日本の国内総生産勘定は表3-3の統合生産勘定の借方「付加価値」を表3-2の所得の発生勘定の借方にある各分配項目に書き換えて表章しています.

　また，上の単純化された経済では，海外が登場しませんでした
が，海外を含む場合には，生産勘定の借方に産出項目として海
外需要に向けての「**財貨・サービスの輸出**」が新たに加わり，ま
た，貸方に中間投入として海外からの「**財貨・サービスの輸入**」
が新たに加わります．統合生産勘定として，この国の外の需要を
満たすための輸出は最終生産物なので，「財貨・サービスの輸出」
はそのまま貸方に含まれます．借方にある中間投入としての輸入
品は貸方にある〈国産品の〉中間消費に相殺されず，そのまま残
りますが，借方から貸方に移項して控除項目となります．

表3-4　国内総生産勘定の項目

（借方）	（貸方）
固定資本減耗	民間最終消費支出
生産に課される税	政府最終消費支出
（控除）補助金	総固定資本形成
雇用者報酬	在庫変動
営業余剰・混合所得	財貨・サービスの輸出
	（控除）財貨・サービスの輸入
国内総生産	国内総生産

　日本では，長い間この貸方の項目である支出側GDPのことを
GDE（Gross Domestic Expenditure，国内総支出）と呼んでき
ました．しかし，この名称から「国内所得から財やサービスの購
入のために支出された金額」といった語感が生まれ，海外からの
支払を受取る「輸出」を含まず，海外の生産物を購入する「輸入」
を含むという誤解を与えるため，2005年に名称変更されました
（コラム⑦を参照）．

コラム⑦ GDE から GDP（支出側）へ名称変更

GNP 名称変更の 5 年後に，内閣府は 2005 年に行われた基準改定の際に，長く親しまれてきたもう一つの名称変更を行いました．

従来，最終消費支出等の支出面から捉えた GDP を表す名称として「国内総支出」（Gross Domestic Expenditure）という用語を用いてきました．しかしながら，当該項目は，国内で生産された財・サービスに対する海外需要である輸出を含む一方，海外で生産された財・サービスに対する国内需要である輸入は控除されており，国内総生産に対する支出を意味するものであることから，項目の内容をより適切に表す名称として「国内総生産（支出側）」という用語を用いることとしました．

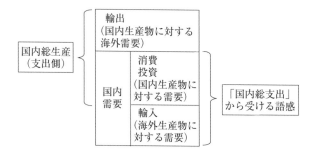

生産面から捉えた国内総生産についても，これに合わせて，「国内総生産（生産側）」という用語に変更しました．

（内閣府ウェブサイト参照）

■日本の国内総生産勘定

内閣府「国民経済計算年次推計」[1] では，各経済主体（制度部

門）の経済行動が分析できるように，制度部門別の所得支出勘定，資本勘定・金融勘定，調整勘定，期末貸借対照表勘定を設けているほか，日本経済全体を1つの経済単位として見た場合の「統合勘定」を作成・公表しています。

統合勘定は4つ（1. 国内総生産勘定▼2, 2. 国民可処分所得と使用勘定，3. 資本勘定・金融勘定，4. 海外勘定）からなり，勘定の借方・貸方が上下で表章されています。

「1. 国内総生産勘定」の借方（上段）は国内総生産（生産側）ですが，その付加価値を分配項目に分けて表章されます。貸方（下段）は国内総生産（支出側）です。支出項目別に表章されます。ただし，ここの民間最終消費支出が国民概念になっていることに注意する必要があり，これに伴う概念差は輸出（入）により調整されています。また，1993SNA の対応に伴い，最終消費に

▼2　日本の統合生産勘定は長い間「国内総生産と総支出勘定」と呼ばれ，2005 年に行われた基準改定の際に，「国内総支出」の名称変更（コラム⑦を参照）に伴い，「国内総生産勘定（生産側及び支出側）」に名称変更され，2016 年にさらに「国内総生産勘定」の名称に変更された．

◀3　「消費概念の二元化」とは，具体的に（1）家計の最終消費支出のうち，実際に政府が支出を負担している分としての移転的支出「現物社会給付（→ 医療費のうち社会保障基金からの給付分及び教科書購入費）など」を政府の最終消費支出に移し替えることで，家計が実際に支払っている消費分を捉え，費用負担の観点からの「最終消費支出」とする．（2）家計の最終消費支出に加え，家計が便益を享受する対家計非営利団体の最終消費支出，一般政府の最終消費支出の2つの支出のうち，家計が便益を享受する支出分である「現物社会給付」及び「政府の個別的サービス活動（→ 教育や保健衛生等に関する消費支出分）」を加えた分を，便益享受主体としての家計の消費とし，「現実最終消費」とする（内閣府ウェブサイト参照）．

ついては，費用負担の観点からの「最終消費支出」と，便益享受の観点からの「現実最終消費」に二元化し，同じ消費について異なる見方を提供するようになっています [3]．

　日本の国民経済計算では，支出側から推計する国内総生産を信頼のおける数字と見ているため，両者の差額が「統計上の不突合」とされ，借方（上段）に示されます．

表3-5　国内総生産勘定（2015年基準・2008SNA）

（単位：兆円）

	1994	2019	2020
雇用者報酬	261.6	286.8	283.2
営業余剰・混合所得	103.4	91.1	73.7
固定資本減耗	114.8	134.5	135.6
生産・輸入品に課される税	32.8	46.5	47.9
（控除）補助金	3.9	3.0	3.2
統計上の不突合	2.2	2.7	0.8
国内総生産	510.9	558.5	538.2
民間最終消費支出	269.4	304.6	289.5
政府最終消費支出	75.4	111.3	113.2
（再掲）			
家計現実最終消費	310.2	373.0	358.5
政府現実最終消費	34.6	42.9	44.2
総固定資本形成	156.4	142.8	136.5
在庫変動	0.2	1.4	0.3
財貨・サービスの輸出	45.2	97.4	83.7
（控除）財貨・サービスの輸入	35.6	99.0	85.0
国内総生産	510.9	558.5	538.2
（参考）国民総所得	515.2	580.3	557.7

出所：内閣府（2022）「国民経済計算年次推計」より

■中間生産物と最終生産物

このように，GDPの生産境界内にあるものでも，その財・サービスがすべてGDPになるわけではありません．それが中間生産物として需要されるか，最終生産物として需要されるかの仕分けによってGDPの大きさが変わります．

原則的に原材料，部品，エネルギーなどとして今期の生産過程に使われるものは中間生産物，生産の究極の目的である我々の消費需要や次期の経済活動のための投資需要を満たすためのものは最終生産物です．理論的に明確な定義があるように見えますが，実際には各項目間の線引き（境界の定義）がときどき難しい場合があります．

資本の定義に変更があれば，同じ企業によって需要される「中間消費」と「総固定資本形成」の仕分けが変わります．例えば，従来は企業によって購入されるコンピュータ・ソフトウェアがすべて中間消費として取り扱われ，GDPに反映されませんでしたが，1993SNAでは，受注型コンピュータ・ソフトウェアは，固定資本形成として取り扱うことになりました．2008SNAでは，さらに研究開発（R&D）も資本形成として扱うことが勧告されました．こうした資本定義の拡大に伴い，GDPの数値も大きくなります．

また，中間消費と最終消費との境界にも問題があります．銀行などの金融仲介機関の産出額は貸出利息と預金利息との利ざやで計測されますが，その金融仲介サービスは誰に対して提供するものかという難問があります．預金者（主として家計）に提供すると考えれば，家計最終消費になりGDPに計上しますが，借り手（主として企業）に提供すると考えれば，企業の中間消費となり，

GDP に含まれません．SNA を改訂するたびにこれが問題とされてきました．

コラム⑧　2008SNA 移行と GDP

　日本の国民経済計算 (JSNA) では，約 5 年に 1 度作成される「産業連関表」などの大規模かつ詳細な基礎統計を取込み，過去の計数を再推計する「基準改定」と呼ばれる作業を約 5 年おきに行っています．

　2016 年末に実施した「平成 23 年基準改定」の際に，最新の国際基準である 2008SNA への対応を行いました．2008SNA の内容は多岐にわたりますが，GDP に影響を与えるのは非金融資産（すなわち実物資産）の範囲の拡張で，とくに研究・開発（R&D）の資本化は影響が最も大きいです．

表 1　2008SNA 移行による R&D の取扱いの変更

<table>
<tr><td colspan="2"></td><td>平成 17 年基準
（1993SNA 準拠）</td><td>平成 23 年基準
（2008SNA 準拠）</td></tr>
<tr><td rowspan="2">市場生産者</td><td>学術研究機関</td><td>R&D 産出額を記録
主な需要先は中間消費</td><td>R&D 産出額を記録
主な需要先は総固定資本形成</td></tr>
<tr><td>企業内研究開発</td><td>R&D 産出額を記録せず
（その費用は各種生産費用に内含）</td><td>R&D 産出額を新たに記録
主な需要先は総固定資本形成</td></tr>
<tr><td colspan="2">非市場生産者</td><td>費用として産出額に内含
主な需要先は政府や NPISH の最終消費支出</td><td>R&D 産出額を明示的に記録
主な需要先は総固定資本形成</td></tr>
</table>

表2　R&Dの資本化に伴う特許などの扱い

	平成17年基準 （1993SNA準拠）	平成23年基準 （2008SNA準拠）
特許実体	R&Dや特許実体は固定資本の対象外	R&Dの資本化に伴い，特許実体を固定資本に含めて記録
特許権使用料	生産の境界外 （財産所得として記録）	生産の境界内 （特許等サービス）

表3　R&Dの資本化によるGDPへの影響

（単位：兆円）

年度	改定後 （H23年基準）	改定前 （H17年基準）	改定差	そのうち，R&Dの資本化による分
2005	525.8	505.3	20.5	16.9
2010	499.2	480.5	18.7	16.4
2011	493.9	474.2	19.7	16.6
2012	494.7	474.4	20.3	16.6
2013	507.4	482.4	25.0	17.3
2014	517.9	489.6	28.3	18.5
2015	532.2	500.6	31.6	19.2

注：その他の要因として，約5年ごとの基礎統計（産業連関表等）
　　の取込み，推計手法の見直しなどがある．

出所：内閣府「国民経済計算の平成23年基準改定および2008SNA
　　　対応について」より

2.　GDP三面等価と産業連関表

　現実の経済では，産業間の相互関係がもっと複雑多岐にわたります．GDP三面等価をより理解しやすくする道具として，ここでは産業連関表（Input-Output Table）を登場させます．

　産業連関表は1936年にアメリカ経済学者ワシリー・レオンチェフによって考案され，主として経済波及効果分析[4]などに使用されるものですが，1968SNAでは，この経済理論上の三面等価に統計からの接近を実現するために，産業連関表の仕組をSNAに導入しました.

■結合生産勘定 ⇨ 産業連関表

　図3-1の単純化された経済の産業連関表を表3-6に示します.

表3-6　単純化された経済の産業連関表

		中間消費			最終需要		総産出
		農家	製粉業者	パン屋	最終消費支出	総資本形成	
中間投入	農家	0	300	0	0	0	300
	製粉業者	0	0	500	0	0	500
	パン屋	0	0	0	800	200	1000
付加価値		300	200	500			
総投入		300	500	1000			

　まず，ヨコの行方向から見ましょう. 表の1行目は農家の総産出である小麦300が製粉業者に中間消費として需要されることを，同じく2行目は製粉業者の総産出である小麦粉500がパン屋に中間消費として需要されることを，3行目はパン屋の総産出であるパン1,000が家計に最終消費として800需要され，在庫増加としての200は総資本形成として需要されることをそれぞれ

▼4　経済波及効果分析は第6章と第7章で勉強する.

示しています．これは表3-1の各個別経済生産勘定の貸方を表現していることがわかります．

　次はタテの列方向を見ましょう．1列目は農家が生産に使用する中間投入を単純化のため0とし，総投入（＝総産出）300からこの中間投入0を引いて，付加価値300が形成されることを示しています．2列目は製粉業者が総投入（＝総産出）500から中間投入の小麦300を引いて，付加価値200が形成されることを示しています．3列目はパン屋が総投入（＝総産出）1,000から中間投入の小麦粉500を引いて，付加価値500が形成されることを示しています．これは表3-1の各個別経済生産勘定の借方を表現していることがわかります．

　各個別経済の借方の「中間投入」と貸方の「中間消費」を相殺せずそのまま記録していますので，これはマトリックス（行列）形式で記録される個別経済の結合生産勘定だとわかります．

　また，「中間投入」と「中間消費」に囲まれるブロックを外せば，残りの項目は統合生産勘定になります．

　表3-6は非常に単純化された経済を表現しているため，表中の多くの項目が0となっていますが，次に一般化された形の産業連関表を見てみましょう．

■閉鎖経済の産業連関表とGDP三面等価

　表3-7は輸出入を想定しない閉鎖経済の場合の2つの産業部門からなる産業連関表の数値例です．イメージがあったほうが読みやすいので，A産業を農業，B産業を製造業にしましょう．

　表頭の右端と表側[5]の下部にある「産出額」は「総産出」「総投入」と表現してもよいですが，ここでは，政府統計の正式

表 3-7　閉鎖経済の産業連関表と GDP 三面等価〈数値列〉

| | | 中間消費 | | | 最終需要 | | 産出額 |
		A 産業	B 産業	計	最終消費支出	総資本形成	
中間投入	A 産業	10	40	50	40	10	100
	B 産業	30	80	110	50	40	200
	計	40	120	160	90	50	300
雇用者報酬		25	40	65			
営業余剰・混合所得		20	10	30			
固定資本減耗		10	20	30			
純生産税		5	10	15			
付加価値計		60	80	140			
産出額		100	200	300			

生産側 GDP＝A 産業付加価値 60＋B 産業付加価値 80＝140

分配側 GDP＝雇用者報酬 65＋営業余剰・混合所得 30

　　　　　　＋固定資本減耗 30＋純生産税 15＝140

支出側 GDP＝最終消費支出 90＋総資本形成 50＝140

名称に合わせました．

　まず，ヨコの行方向から見ます．1 行目では，農業は 100 を生産し，その生産物のうち，10 は農業部門の原材料（例えば，耕作用の種子，畜産用の飼料など），40 は製造業の原材料として中間需要され，家計からの購入は 40 で，企業に投資財として 10 需要されることが示されます（ここの総資本形成とは，前出の「総

▶5　表頭：表を長方形としてみたときの上の辺に位置する見出し

　　表側：表を長方形としてみたときの左の辺に位置する見出し

固定資本形成」と「在庫変動」と合わせた項目で，例えば，乳牛の場合は前者，肉牛の在庫は後者とし，いずれも資本形成です）．同じく2行目では，製造業が生産した200の生産物は誰によってどの用途で需要されるかが示されます．

　各行は次の需給バランスが成り立ちます．

　中間消費＋最終需要＝産出額

　次は，タテの列方向を見ましょう．1列目では，農業は100を生産するために，原材料として農業から10，製造業から30を購入します．100からこの中間投入40を引いた差額は農業の付加価値60となります．60の付加価値から，雇用者報酬25（自営業者や家族従業者の所得はここに含まれない），政府に支払う「生産に課される税」から「補助金」を控除した「純生産税」5，固定資本減耗10の3項目を控除した差額20は，企業の場合には「営業余剰」，自営業者の場合には「混合所得」となります．同じく2列目では，製造業の200を生産するための費用構造が示されています．

　各列は次の収支バランスが成り立ちます．

　中間投入＋付加価値＝産出額

　さらに，中間消費合計と中間投入合計が等しいので，次のバランスが得られます．

　最終需要合計＝付加価値合計

　個別生産勘定との関係でいえば，1行目はA産業の生産勘定の貸方，1列目はその生産勘定の借方になります．B産業の2行目と2列目も同様です．合計項目としての3行目は，A産業とB産業の結合生産勘定の貸方で，3列目はその借方となります．さらに「中間投入」と「中間消費」に囲まれるブロックを外せば，

残りの項目は統合生産勘定になります.

　この場合のGDP三面等価は, 表3-7の下部に示される各産業付加価値の合計である生産側GDP, 分配項目（雇用者報酬・営業余剰・固定資本減耗・純生産税）の合計である分配側GDP, そして最終生産物に対する支出としての最終消費支出と総資本形成の合計である支出側GDPで, 三者は等しく140になります.

■開放経済の産業連関表とGDP三面等価

　海外を含む場合には, この国の外からの財貨・サービスに対する需要を満たすための輸出は最終生産物なので, 最終需要項目に「輸出」が新たに加わります. 輸入は需要ではなく, 海外による財貨・サービスの供給です. 開放経済における各産業の財貨・サービスの需給バランスは次のようになります.

　中間消費＋最終需要（含輸出）＝産出額＋輸入

　開放経済の産業連関表では, 輸入が左辺に移項されて控除項目となり, 次の国内需給バランスが各行について成立しています.

　中間消費＋最終需要（含輸出）－輸入＝産出額

　各列は閉鎖経済と同様に次の収支バランスとなります. ただし, 開放経済の中間投入には国産品だけでなく, 輸入品も含まれています.

　中間投入＋付加価値＝産出額

　閉鎖経済と同じく, 中間消費合計と中間投入合計が等しいので, 次のバランスが得られます.

　最終需要（含輸出）合計－輸入計＝付加価値合計

　表3-8では, 輸出と輸入を考慮した開放経済の場合の産業連関表の数値例を示します. A産業は輸出（10）が少なく, 輸入（30）

表 3-8　開放経済の産業連関表と GDP 三面等価 〈数値例〉

		中間消費			最終需要			(控除)輸入	産出額
		A 産業	B 産業	計	最終消費支出	総資本形成	輸出		
中間投入	A 産業	8	48	56	35	9	10	− 30	80
	B 産業	24	96	120	55	45	64	− 44	240
	計	32	144	176	90	54	74	− 74	320
雇用者報酬		20	48	68					
営業余剰・混合所得		16	12	28					
固定資本減耗		8	24	32					
純生産税		4	12	16					
付加価値計		48	96	144					
産出額		80	240	320					

生産側 GDP ＝ A 産業付加価値 48 ＋ B 産業付加価値 96 ＝ 144

分配側 GDP ＝ 雇用者報酬 68 ＋ 営業余剰・混合所得 28

　　　　　　＋ 固定資本減耗 32 ＋ 純生産税 16 ＝ 144

支出側 GDP ＝ 最終消費支出 90 ＋ 総資本形成 54 ＋ 輸出 74

　　　　　　− 輸入 74 ＝ 144

　が多いため，国内需要の一部はこの輸入によってまかなわれ，生産規模が 100 から 80 に若干縮小となります．それに対応して，縦方向から見る中間投入（40 → 32）や付加価値（60 → 48）も縮小されることになります．一方，B 産業は逆に輸出（64）が多いため，生産規模が 200 から 240 に拡大となります．費用構造においても中間投入（120 → 144）や付加価値（80 → 96）がそれに応じて大きくなります．

　この場合の支出側GDPは，「最終消費支出」(90)，「総資本形成」(54) という国内最終需要 (144) に，さらに海外からの需要である「輸出」(74) を加え，中間需要や国内最終需要に含まれている海外の生産物である「輸入」(74) を控除するものとなり，やはり生産側GDP，分配側GDPと等しくなります．

3. SNAにおける産業連関統計

　これまで，小麦を生産する農家，小麦粉に加工する製粉業者，パン屋のように，各生産者はただ1種類の生産物しか生産しないという単純な説明をしてきました．また，農産物を生産する農業や工業製品を生産する製造業も同じですが，ある商品を生産する主体として，「産業」という言葉を使ってきました．言い換えれば，「各商品と各産業とは1対1の対応関係にある」ことを前提にしています．しかし，現実の経済統計はなかなかそう簡単にできません．

　各国の統計調査では，基本的に複数の財・サービスを生産する事業所▼6や企業を統計調査の基本単位とします．つまり，調査する事業所や企業の主たる経済活動の種類によって事業所や企業を産業区分します．このように集計される統計は，**産業分類**（または**経済活動分類**）の統計と呼びます．例えば，小麦を生産する農家がリンゴも生産する場合，小麦が主要生産物（農家の複数の

▼6　SNAにおける「事業所」の定義は，「活動種類別単位」と「地域別単位」とを組合わせたものとされている．日本の（旧『事業所・企業統計調査』と現『経済センサス』における）事業所とは，「経済活動が行われている場所ごとの単位」としており，SNAの定義と比べてみると，「地域別単位」に近いことがわかる．

生産物の中で，産出額あるいは付加価値額が最も大きい）であれ
ば，生産されるリンゴも含め，その農家の生産額がまるごと小麦
産業に分類されます．我々が通常入手できる統計はこの産業分類
によるものが多いです．

　一方，事業所や企業をまとめてどこかの産業に分類するのでは
なく，生産する財・サービスの種類によって分類する統計は，**商
品分類**（1968SNA 用語）・**生産物分類**（1993SNA 以後用語，ま
たは**財貨・サービス分類**）の統計と呼びます[7]．

　通常の事業所ベースの統計からは，各財・サービスレベルの
生産費用構造が把握できませんので，この実務上の問題を考慮し
て，SNA では産業分類と生産物分類の二重分類を採用していま
す．需給構造では生産物分類をとるが，生産の費用や付加価値の
形成の把握においては産業分類をとるという区別があります．

　表 3-9 に示すように，1968SNA マニュアルでは，まず，事業
所ベースの統計から U 表（産業別商品投入表）・V 表（産業別商
品産出表：対角要素は主要生産物，非対角要素は副次的の生産物）
を作成し，そこから「商品技術仮定（ある商品は，それがどの産
業で生産されようとも，同一の投入構造を持つとするもの）」も
しくは「産業技術仮定（ある産業は，その商品構成がどのような
ものであろうとも，同一の投入構造を持つとするもの）」で，X
表を数学的に算出することが提唱されるようになりました．

▼7　商品分類や生産物分類よりも詳細な分類として，産業連関表の列部
　　門では生産技術の類似性・同質性，行部門では用途や機能の類似性・
　　同質性を基準とした**アクティビティ分類**がある．第 6 章で見る，日本
　　が約 5 年ごとに作成する基本表はこのアクティビティ分類を追求する
　　ものである．

表 3-9　1968SNA における産業連関表体系

	商品	産業	最終需要	産出額
商品	X	U	f	q
産業	V			g
付加価値		y'		
産出額	q'	g'		

X：商品×商品の取引額表，U：産業別商品投入表，V：産業別商品産出表，q：商品別産出額，g：産業別産出額，f：商品別最終需要額，y：産業別付加価値額，$'$：転置を表す

　日本では，5 年に 1 度，10 府省庁が共同で作成する「産業連関表」（基本表という）において，従来では図 3-2 の上部に示すように，先に「商品×商品」の取引基本表（X 表）及び産業別商品産出表（V 表）が作成されます．その後，内閣府によりこれらの表を SNA の概念に調整した上で，U 表が逆推計されます．こ

従来の産業連関表とU・V表の作成及びGDP勘定

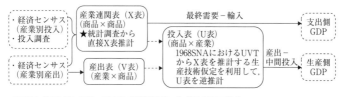

2020年（対象年）以降のSUTと産業連関表の作成及びGDP勘定

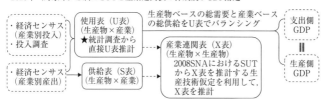

図 3-2　日本における産業連関統計作成と GDP 勘定の変遷

表3-10　供給・使用表（SUT）

日本2018年供給表（S表）　　　　　　　　　　　　　（単位：100億円）

経済活動／財貨・サービス	農林水産業	鉱工・建設業	サービス業	国内生産額	輸入	輸入品に課される税・関税	総供給（生産者価格）	運輸・商業マージン	総供給（購入者価格）
農林水産品	1,259	6	1	1,266	238	24	1,529	640	2,168
鉱工・建設業製品	35	41,496	344	41,876	8,023	943	50,841	10,243	61,084
サービス	7	1,894	59,603	61,504	1,924	12	63,440	−10,882	52,557
小計	1,302	43,396	59,948	104,646	10,185	978	115,809	0	115,809
（控除）総資本形成に係る消費税	–	–	–	683			683		683
合計	–	–	–	103,964	10,185	978	115,127	0	115,127

日本2018年使用表（U表）　　　　　　　　　　　　　（単位：100億円）

経済活動／財貨・サービス	農林水産業	鉱工・建設業	サービス業	輸入品に課される税・関税	（控除）総資本形成に係る消費税	合計	最終消費	総資本形成	輸出	総使用
農林水産品	195	927	315			1,437	687	28	16	2,168
鉱工・建設業製品	440	22,446	7,694			30,581	0	11,184	7,668	61,084
サービス	85	3,902	13,314			17,301	29,284	3,709	2,263	52,557
小計	721	27,275	21,323			49,319	41,621	14,921	9,948	115,809
（控除）総資本形成に係る消費税								683		683
合計	721	27,275	21,323			49,319	41,621	14,238	9,948	115,127
固定資本減耗	203	4,446	8,591			13,240				
生産・輸入品に課される税（控除）補助金	−19	1,675	2,346	978	683	4,298				
雇用者報酬	270	8,247	19,607			28,124				
営業余剰・混合所得（純）	127	1,753	8,081			9,962				
付加価値合計	581	16,121	38,625	978	683	55,623				
産出額	1,302	43,396	59,948	978	683	104,942				

出所：内閣府（2022）「国民経済計算年次推計」より作成

れら諸表の比率が毎年のGDP統計のベンチマークとされています．

　1993SNA及び2008SNAマニュアルでは，U表・V表に代わり，その改良版として「供給・使用表（SUT, Supply and Use Tables）」を推奨しています．表3-10に示すように，供給表（S表）は各財貨・サービスがだれ〈国内のどの経済活動あるいは海

外（輸入)〉によって供給されるかを，流通マージンを明記した
上で記録し，使用表（U 表）はヨコ方向では各財貨・サービスが
どのように中間財あるいは最終財として使用されるか，また，タ
テ方向では各経済活動が生産費用としてどのような財貨・サービ
スを中間消費し，どれだけの付加価値を生み出すかをその構成項
目も含めて記録します．

　図 3-2 の下部に示されるように，日本では基本表としての
「2020 年産業連関表」の作表に部分的に（サービス業について），
「2025 年産業連関表」の作表に全面的に，SUT から産業連関
表（IOT）への作表方法を導入することになりました．内閣府
によって作成される GDP 統計においては，2016 年 12 月の平成
23 年基準改定から SUT の枠組みを用いて生産側 GDP と支出側
GDP の推計精度と両者の整合性の向上（統計上の不突合を縮小
すること）を図ることが開始されました．

コラム⑨　国際標準産業分類（ISIC）

　国連統計局による全経済活動に関する国際標準産業分類（全称では，全経済活動に関する国際標準産業分類，ISIC：International Standard Industrial Classification of All Economic Activities）は，1948 年に初めて設定，最新版は 2008 年に改定された Rev.4．SNA における産業（経済活動）分類の基準は ISIC としています（2008SNA14.22 段を参照）．

国際標準産業分類（ISIC Rev.4）（2008 年改定）

大分類	中分類数	小分類数	細分類数
A．農林漁業	3	13	38
B．鉱業及び採石業	5	10	14
C．製造業	24	71	137
D．電気・ガス・蒸気及び空調供給業	1	3	3
E．水道・廃棄物管理及び浄化活動	4	6	8
F．建設業	3	8	11
G．卸売・小売業；自動車・オートバイ修理業	3	20	43
H．運輸・保管業	5	11	20
I．宿泊・飲食業	2	6	7
J．情報通信業	6	13	24
K．金融・保険業	3	10	18
L．不動産業	1	2	2
M．専門，科学及び技術サービス業	7	14	14
N．管理・支援サービス業	6	19	26
O．公務及び国防，強制社会保障事業	1	3	7
P．教育	1	5	8
Q．保健衛生及び社会事業	3	9	9
R．芸術，娯楽，レクリエーション業	4	5	10
S．その他のサービス業	3	6	17
T．雇い主としての世帯活動，並びに世帯自家利用のための分別不能な財貨・サービス生産活動	2	3	3
U．治外法権機関及び団体の活動	1	1	1
計　　　　　　　21	88	238	420

コラム⑩　中央生産物分類（CPC）

　国連の中央生産物分類（CPC：Central Product Classification）は，生産物を取扱う統計の国際比較の枠組みを提供することを目的とし，各国が分類を開発・改定する際の指針となるもので，ISIC との対応関係も公表されています．SNA における生産物（財貨・サービス）分類の基準を CPC としています．1991 年の暫定版以降，1998 年第 1 版，2008 年第 2 版を経て，2015 年に第 2.1 版に修正されました．日本では，サービス分野の生産物分類を 2019 年に設定，財分野を含めた生産物分類の全体は 2023 年度末までに整備する予定です．

中央生産物分類（CPC Ver.2）（2008 年改定）

	大分類	中分類 （2桁）	小分類 （3桁）	細分類 （4桁）	細々分類 （5桁）
財	0　農業・林業・漁業製品	4	19	85	208
	1　鉱石及び鉱物；電力・ガス及び用水	8	17	36	36
	2　食料品・飲料及びたばこ；紡織製品・衣料品及び皮革製品	9	44	190	356
	3　その他の輸送可能財（金属製品・機械・設備を除く）	9	60	262	386
	4　金属製品、機械器具	9	52	213	517
サービス	5　建設及び建設サービス	2	9	47	85
	6　流通サービス；宿泊・飲食提供サービス；輸送サービス；電気・ガス及び水道供給サービス	9	27	120	506
	7　金融及び関連サービス、不動産サービス、レンタル及びリースサービス	3	12	47	99
	8　事業及び生産サービス	9	48	165	372
	9　地域的・社会的及び個人的サービス	9	36	100	173
	（財 小計）	(40)	(201)	(833)	(1,527)
	（サービス 小計）	(31)	(125)	(442)	(1,211)
計	10	71	324	1,265	2,738

60

コラム⑪　国際標準商品分類（HS）

　輸出入のための税関申告や貿易統計で使われる国際標準商品分類として，HS（Harmonized Commodity Description and Coding System）があります．HS は世界税関機構（WCO：World Customs Organization）により定められ，初版の 1988 年版以来，約 5 年に 1 回の改定が行われています．

国際標準商品分類（HS　2022 年版）

Section ／部		Chapter ／類 (2桁) 数	Heading ／項 (4桁) 数	Subheading ／号 (6桁) 数
1-4	農産品	24	197	958
5-7	鉱物，化学工業及び関連製品，プラスチック・ゴム並びにこれらの製品	16	281	1,255
8-10	皮革，毛皮，木材，コルク，パルプ，紙並びにこれらの製品	9	85	338
11-12	紡織用繊維及びその製品，履物，帽子等	18	170	840
13-15	石，プラスター，セメント，石綿，雲母，その他これらに類する材料の製品，陶磁製品，ガラス，真珠，貴石，半貴石，貴金属，卑金属並びにこれらの製品	15	211	769
16	機械類，電気機器	2	133	832
17	車両，航空機，船舶，輸送機器関連品	4	39	172
18	光学機器，写真用機器，映画用機器，測定機器，検査機器，精密機器，医療用機器，時計，楽器	3	51	199
19	武器，銃砲弾	1	7	18
20-21	その他製品（家具，プレハブ建築物，運動用具等），美術品，収集品，骨董	4	37	159
計	21	96	1,211	5,540

　HS以外の国際標準商品分類として，国連が定めるSITC（Standard International Trade Classification, Rev.4）があり，長期の経済分析に用いられます．また，国連が定めるBEC（Classification by Broad Economic Categories, Rev.5）を用いると，HSやSITCから，SNAで定義される資本財，中間財，消費財に変換，集計することができます．

（黒子正人）

第 4 章

物価指数と数量指数

　本章では，次章の実質 GDP を解説する前の準備として，物価指数と数量指数の基礎について勉強しておきます．まず，よく使われる指数算式を解説し，その後，関連する代表的な経済統計についても紹介します．

　指数とは〈時間あるいは場所が異なる〉同種のものの相対的大きさの比較です．学説史において指数論の研究が物価指数から始まることが知られています．ここでも物価指数から出発します．

1.　物価指数算式

　　物価指数は，多数の商品（モノ・サービス）の価格変動を 1 つの指数に集約することにより，総合的な価格の動向を捉えるための経済統計です（日本銀行ウェブサイトより）．

　まず，よく使われる物価指数の算式を見てみましょう．

　貨幣価値をはかるモノサシとして，物価の変動をどうとらえるかとする研究は，18 世紀のヨーロッパから始まったとされています．

　p_0 を基準となる時点の価格，p_t を比較する時点の価格，q_0 を基準となる時点の数量，q_t を比較する時点の数量としましょう．

■ラスパイレス価格指数

ラスパイレスによって考案された物価変動の測定とは，基準時に各品目（財・サービス）に支出する金額の合計 $\left(\sum p_0 q_0\right)$ に対して，比較時に基準時と同じ量を購入すると仮定した場合の架空の金額 $\left(\sum p_t q_0\right)$ で比較するものです[1]．つまり，数量を基準時に固定することによって，金額（足し算ができるから）を使って，基準時と比較時の価格の変動を見るわけです．

$$P_{0t}^L = \frac{p_{1t}q_{10}+p_{2t}q_{20}+\cdots+p_{nt}q_{n0}}{p_{10}q_{10}+p_{20}q_{20}+\cdots+p_{n0}q_{n0}} = \frac{\sum p_t q_0}{\sum p_0 q_0} \qquad \text{（総和式）}$$

これを各品目の価格変動の加重平均で表すと次式になります．

$$P_{0t}^L = \sum \left(\frac{p_t}{p_0}\right) \cdot \left(\frac{p_0 q_0}{\sum p_0 q_0}\right) = \sum \frac{p_t}{p_0} \cdot w_0 \quad \text{（加重算術平均式）[2]}$$

ラスパイレス価格指数は個別価格指数 $\left(\dfrac{p_t}{p_0}\right)$ の基準時の支出金額をウェイト $\left(w_0 = \dfrac{p_0 q_0}{\sum p_0 q_0}\right)$ とする加重算術平均であることがわかります．

---

[1]　シグマ（Σ）記号＝総和記号の説明

$$x_1 + x_2 + \cdots + x_i + \cdots + x_n = \sum_{i=1}^{n} x_i = \sum_i x_i = \sum x$$

[2]　単純算術平均 $\overline{X} = \dfrac{\sum x}{n}$

加重算術平均 $\overline{X} = \sum x \cdot w$

■パーシェ価格指数

一方，ラスパイレス式の対比として考案されたパーシェの物価変動の測定とは，比較時は基準時と同じ購入量ではないので，式の分子は比較時の支出金額をそのまま合計 $\left(\sum p_t q_t\right)$ し，その代わりに，式の分母を基準時に比較時と同じ量を購入すると仮定した場合の架空の金額 $\left(\sum p_0 q_t\right)$ にして比較するものです．つまり，数量を比較時に固定して，金額の変動から価格の変動を見るわけです．

$$P_{0t}^P = \frac{p_{1t}q_{1t} + p_{2t}q_{2t} + \cdots + p_{nt}q_{nt}}{p_{10}q_{1t} + p_{20}q_{2t} + \cdots + p_{n0}q_{nt}} = \frac{\sum p_t q_t}{\sum p_0 q_t} \qquad \text{（総和式）}$$

これを各品目の価格変動の加重平均で表すと次式になります．

$$P_{0t}^P = \frac{1}{\dfrac{\sum p_0 q_t}{\sum p_t q_t}} = \frac{1}{\sum \dfrac{p_0}{p_t} \dfrac{p_t q_t}{\sum p_t q_t}} = \frac{1}{\sum \dfrac{p_0}{p_t} w_t}$$

（加重調和平均式）[3]

パーシェ価格指数は個別価格指数の逆数 $\left(\dfrac{p_0}{p_t}\right)$ の比較時の支出金額をウェイト $\left(w_t = \dfrac{p_t q_t}{\sum p_t q_t}\right)$ とする加重調和平均であることがわかります．

---

[3] 単純調和平均 $H = \dfrac{n}{\sum \dfrac{1}{x}}$ ，加重調和平均 $H = \dfrac{1}{\sum \dfrac{1}{x} \cdot w}$

表 4-1　物価指数の算出（数値例）

	基準時 (0)				比較時 (t)				個別価格比
	価格	数量	支出金額	ウェイト	価格	数量	支出金額	ウェイト	
	p_0	q_0	$p_0 \times q_0$	w_0	p_t	q_t	$p_t \times q_t$	w_t	p_t/p_0
りんご	100	10	1000	0.5	150	8	1200	0.44	1.50
オレンジ	100	10	1000	0.5	125	12	1500	0.56	1.25
計			2000	1.0			2700	1.00	

　ラスパイレス価格指数とパーシェ価格指数の数値例を表 4-1 で確認しましょう.

〈ラスパイレス価格指数〉

$$P_{0t}^L = \frac{150 \times 10 + 125 \times 10}{100 \times 10 + 100 \times 10} = \frac{2750}{2000} = 1.375 \qquad \text{（総和式）}$$

$$P_{0t}^L = 1.50 \times 0.5 + 1.25 \times 0.5 = 1.375 \qquad \text{（加重算術平均式）}$$

〈パーシェ価格指数〉

$$P_{0t}^P = \frac{150 \times 8 + 125 \times 12}{100 \times 8 + 100 \times 12} = \frac{2700}{2000} = 1.350 \qquad \text{（総和式）}$$

$$P_{0t}^P = \frac{1}{\dfrac{1}{1.50} \times 0.44 + \dfrac{1}{1.25} \times 0.56} = 1.350 \qquad \text{（加重調和平均式）}$$

　このように, 同じ物価の変動を捉えようとしても, ラスパイレス価格指数では, 物価は 37.5%上昇, パーシェ価格指数では, 物価は 35%上昇となりました.

■時点逆転テスト

このことをどう考えればよいか，1つのヒントとして，ここで時点逆転テストを紹介します[4].

同じ表 4-1 の数値例を使って考えます．ここでは，基準時を 2020 年，比較時を 2023 年としましょう．この場合のりんごの個別価格指数と，時点を逆転して基準時を 2023 年，比較時を 2020 年とする（つまり，直近を基準として，過去の物価を考える）場合，個別価格指数は次のようになります．

$$P^{りんご}_{2020,\,2023}=\frac{150}{100} \quad 時点逆転 \quad P^{りんご}_{2023,\,2020}=\frac{100}{150}$$

明らかに両者は逆数の関係（掛け合せば 1 になる）にあることがわかります．もちろん，オレンジにしても同じです．

個別価格指数では当たり前という関係ですが，ラスパイレス価格指数とパーシェ価格指数では，どうなるか，確かめてみましょう．

まず，ラスパイレス価格指数で見ます．

$$P^{L}_{2020,\,2023}=\frac{150\times10+125\times10}{100\times10+100\times10}=\frac{2750}{2000}=1.375$$

$$P^{L}_{2023,\,2020}=\frac{100\times8+100\times12}{150\times8+125\times12}=\frac{2000}{2700}\approx0.741$$

$$P^{L}_{2020,\,2023}\times P^{L}_{2023,\,2020}=\frac{2750}{2000}\times\frac{2000}{2700}=\frac{2750}{2700}>1$$

▼4　指数算式とここで取り上げる指数のテストに関する代数的証明は付録 1 を参照.

次に，パーシェ価格指数ではどうでしょう．

$$P^P_{2020,\,2023} = \frac{150 \times 8 + 125 \times 12}{100 \times 8 + 100 \times 12} = \frac{2700}{2000} = 1.350$$

$$P^P_{2023,\,2020} = \frac{100 \times 10 + 100 \times 10}{150 \times 10 + 125 \times 10} = \frac{2000}{2750} \approx 0.727$$

$$P^P_{2020,\,2023} \times P^P_{2023,\,2020} = \frac{2700}{2000} \times \frac{2000}{2750} = \frac{2700}{2750} < 1$$

　ラスパイレス価格指数とパーシェ価格指数はいずれも時点逆転テストを満たさないことが判明しました．時点逆転したラスパイレス価格指数を掛け合せると1より大となり，逆にパーシェ価格指数の場合は1より小となります．ラスパイレス価格指数は真の物価の上限を示し，パーシェ価格指数はその下限を示していると言われています．

　ラスパイレス価格指数が物価の変動を過大評価，パーシェ価格指数が物価の変動を過小評価する理由として，2つ挙げられます．まず，ウェイトの問題です．経済学ではよくいわれているように，一般的に価格と数量には逆の相関関係があります．表4-1の数値例では，リンゴの価格上昇（100→150円）がオレンジ（100→125円）より大きいので，リンゴの消費量（10→8）が相対的に減り，その分，オレンジの消費量（10→12）が増えました．そうすると，相対的に価格上昇の品目が，〈基準となる時点ウェイト（0.5）を採用する〉ラスパイレス価格指数には大きく，〈比較する時点ウェイト（0.44）を採用する〉パーシェ価格指数には小さく反映することになります．逆に相対的に価格下落する品目は，ラスパイレス価格指数には小さく，パーシェ価格指数には大きく反映することとなります．もう1つは，個別価格指

数を加重平均する際の算式による問題です．加重算術平均が一般的に加重調和平均より大きいからです．

■フィッシャー価格指数

もう1つの物価指数算式を紹介しましょう．上のテストの考案者でもあるフィッシャーによるものですが，それはラスパイレス価格指数とパーシェ価格指数の幾何平均で定義されます．

$$P_{0t}^{F} = \sqrt{P_{0t}^{L} \times P_{0t}^{P}}$$

表4-1の数値例では次のようになります．

$$P_{0t}^{F} = \sqrt{1.375 \times 1.350} \approx 1.362$$

フィッシャー価格指数は時点逆転テストを満たすことが次のように判明します．

$$P_{2020,\,2023}^{F} = \sqrt{\frac{2750}{2000} \times \frac{2700}{2000}} \approx 1.362$$

$$P_{2023,\,2020}^{F} = \sqrt{\frac{2000}{2700} \times \frac{2000}{2750}} \approx 0.734$$

フィッシャー価格指数は常にラスパイレス価格指数とパーシェ価格指数の間にあり，真の物価指数に近いといわれています．

2. 数量指数算式

価格指数の対比として，数量指数があります．鉱工業生産指数や，また次章で勉強する実質経済成長率も数量指数です．

数量指数算式の場合も基本的な考え方は価格指数と同じです．ここでは製造業の生産量を念頭において考えてみましょう．

コラム⑫　購買力平価（PPP）

　異なる時点の価格比較を物価指数といいますが，異なる場所，特に国間の価格比較は購買力平価（PPP：Purchasing Power Parity）といいます．PPP は，一国の通貨と他国の通貨との換算比率の一種で，それぞれの通貨の購買力（買える財やサービスの量）が等しくなるように計算して求められます．例えば，アメリカを基準国 u，日本を比較国 j とすれば，2国間のパーシェ型購買力平価の算式は次のようになります．

$$P_{0t}^P = \frac{\sum p_t q_t}{\sum p_0 q_t} \quad \Longrightarrow \quad PPP_{uj}^P = \frac{\sum p_j q_j}{\sum p_u q_j}$$

　この場合，1ドルを使ってアメリカで購入できるものと同じ量を，日本で購入する場合にかかる円を表します．多国間比較の場合には，各国の経済構造・生活習慣によって重要視される財・サービスが異なり，算出に使用する品目の選出や，平均を求める際のウェイトの決定，さらに国間の推移性など，時点の比較よりも考量すべき要素が多くなります．推計方法が確立されておらず，いくつかの方法が提案されています．

　国際比較する際に市場為替レートが換算レートとして利用されることがよくあります．しかし為替レートは①貿易の対象にはならない国内の物価（例えば，教育，医療，建設，政府サービス等）は反映されない，②国家間の資本移動の影響を受けやすい，といった問題があります．国際比較に当たっては，国内の広い範囲の生産物の価格を反映し，資本移動の影響を受けにくい安定性のある換算レートが必要になり，これに対応して開始されたのが国際比較プログラム（ICP：International Comparison Programme）です．1969年から国連によって開始され，2005年から世銀の主導になった ICP 事業では，GDP の実質比較を行うことを目的として各国通貨の購買力平価を推計しています．

　総務省「国際比較プログラム（ICP）への参加」を参照．

■ラスパイレス数量指数

ラスパイレス型数量変動の測定とは，基準時の産出金額の合計 $\left(\sum p_0 q_0\right)$ に対して，比較時の産出量を基準時価格で評価する場合の架空の金額 $\left(\sum p_0 q_t\right)$ で比較するものです．価格を基準時に固定することによって，金額の変動から数量の変動を見るわけです．

$$Q_{0t}^{L} = \frac{p_{10}q_{1t} + p_{20}q_{2t} + \cdots + p_{n0}q_{nt}}{p_{10}q_{10} + p_{20}q_{20} + \cdots + p_{n0}q_{n0}} = \frac{\sum p_0 q_t}{\sum p_0 q_0} \quad \text{（総和式）}$$

これを各品目の数量変動の加重平均で表すと次式になります．

$$Q_{0t}^{L} = \sum \left(\frac{q_t}{q_0}\right) \cdot \left(\frac{p_0 q_0}{\sum p_0 q_0}\right) = \sum \frac{q_t}{q_0} \cdot w_0 \quad \text{（加重算術平均式）}$$

ラスパイレス数量指数は個別数量指数 $\left(\frac{q_t}{q_0}\right)$ の基準時の支出金額をウェイト（w_0）とする加重算術平均であることがわかります．

パーシェ型数量指数とは，式の分子を比較時産出金額の合計 $\left(\sum p_t q_t\right)$，式の分母を基準時の数量を比較時価格で評価する架空の産出金額 $\left(\sum p_t q_0\right)$ にして比較するものです．価格を比較時に固定して，金額から数量の変動を見るわけです．

■パーシェ数量指数

$$Q_{0t}^{P} = \frac{p_{1t}q_{1t} + p_{2t}q_{2t} + \cdots + p_{nt}q_{nt}}{p_{1t}q_{10} + p_{2t}q_{20} + \cdots + p_{nt}q_{n0}} = \frac{\sum p_t q_t}{\sum p_t q_0} \quad \text{（総和式）}$$

これを各品目の数量変動の加重平均で表すと次式になります．

$$Q_{0t}^P = \cfrac{1}{\cfrac{\sum p_t q_0}{\sum p_t q_t}} = \cfrac{1}{\sum \cfrac{q_0}{q_t} \cfrac{p_t q_t}{\sum p_t q_t}} = \cfrac{1}{\sum \cfrac{q_0}{q_t} w_t}$$

（加重調和平均式）

　ラスパイレス数量指数とパーシェ数量指数の数値例を表 4-2 で確認しましょう．比較しやすいように，物価指数の算出と同じ数値例にします．

表 4-2　数量指数の算出（数値例）

	基準時 (0)				比較時 (t)				個別数量比
	価格	数量	産出金額	ウェイト	価格	数量	産出金額	ウェイト	
	p_0	q_0	$p_0 \times q_0$	w_0	p_t	q_t	$p_t \times q_t$	w_t	q_t/q_0
りんご	100	10	1000	0.5	150	8	1200	0.44	0.8
オレンジ	100	10	1000	0.5	125	12	1500	0.56	1.2
計			2000	1.0			2700	1.00	

〈ラスパイレス数量指数〉

$$Q_{0t}^L = \frac{100 \times 8 + 100 \times 12}{100 \times 10 + 100 \times 10} = \frac{2000}{2000} = 1.000 \qquad （総和式）$$

$$Q_{0t}^L = 0.8 \times 0.5 + 1.2 \times 0.5 = 1.000 \qquad （加重算術平均式）$$

〈パーシェ数量指数〉

$$Q_{0t}^P = \frac{150 \times 8 + 125 \times 12}{150 \times 10 + 125 \times 10} = \frac{2700}{2750} \approx 0.982 \qquad （総和式）$$

$$Q_{0t}^{P} = \frac{1}{\dfrac{1}{0.8} \times 0.44 + \dfrac{1}{1.2} \times 0.56} \approx 0.982 \qquad (加重調和平均式)$$

つまり，ラスパイレス式によれば，全体として，数量の変化がなかった（成長率0%）ことになりますが，いっぽう，パーシェ式によると，全体的に数量が減少した（成長率−1.8%）ことになり，採用する算式によって数値が変わることがわかります．

数量指数も時点逆転テストにかければ，価格指数の場合と同様，時点逆転したラスパイレス数量指数を掛け合せると1より大となり，逆にパーシェ数量指数の場合は1より小となります．ラスパイレス数量指数は数量の変動を過大評価し，パーシェ数量指数はそれを過小評価する傾向があることがわかります．

■フィッシャー数量指数

また，フィッシャー数量指数もラスパイレス数量指数とパーシェ数量指数の幾何平均で定義されます．

$$Q_{0t}^{F} = \sqrt{Q_{0t}^{L} \times Q_{0t}^{P}}$$

フィッシャー数量指数も時点逆転テストを満たすことが確認できます．

■要素逆転テスト

これから次章の実質GDP統計とも深く関係がある，もうひとつの指数テストを紹介しましょう．

価格指数と数量指数のほか，金額の変動をみる金額指数があります．基準となる時点の金額 $\left(\sum p_0 q_0 \right)$ に対する，比較する時点の金額 $\left(\sum p_t q_t \right)$ の比較を表します．

表 4-3 要素逆転テスト（数値例）

	基準時 (0)			比較時 (t)			個別	個別	個別
	価格	数量	金額	価格	数量	金額	価格比	数量比	金額比
	p_0	q_0	$p_0 q_0$	p_t	q_t	$p_t q_t$	p_t/p_0	q_t/q_0	$p_t q_t/p_0 q_0$
りんご	100	10	1000	150	8	1200	1.50	0.8	1.2
オレンジ	100	10	1000	125	12	1500	1.25	1.2	1.5
計（平均）			2000			2700			1.35

　表 4-3 の場合，りんごとオレンジの総合金額指数は 2700÷
2000＝1.35 で，基準時に対して支出金額は 35％上昇したことが
わかります.

　金額は価格（p）と数量（q）の積（pq）です. 個別指数につ
いては,

価格指数×数量指数＝金額指数

という関係が成り立ちます. 例えば，りんごの個別価格比（150
÷100＝1.5）とその個別数量比（8÷10＝0.8）を掛け合せると,
りんごの金額比（1200÷1000＝1.2）になります. オレンジも同
様（1.25×1.2＝1.5）です.

　この関係が，総合指数としての，ラスパイレス型，パーシェ型
及びフィッシャー型の価格指数と数量指数の間にも成立するかど
うかを確認してみましょう.

$$P_{0t}^L \times Q_{0t}^L = \frac{2750}{2000} \times \frac{2000}{2000} = 1.375 > 1.35$$

$$P_{0t}^P \times Q_{0t}^P = \frac{2700}{2000} \times \frac{2700}{2750} \approx 1.325 < 1.35$$

$$P_{0t}^F \times Q_{0t}^F = \sqrt{\frac{2750}{2000} \times \frac{2700}{2000}} \times \sqrt{\frac{2000}{2000} \times \frac{2700}{2750}} = 1.35$$

ラスパイレス型の価格指数と数量指数を掛け合わせると金額指数（1.35）より大きくなり，逆にパーシェ型の価格指数と数量指数の積は金額指数より小さくなります．これでラスパイレス型指数とパーシェ型指数は要素逆転テストも満たさないことになります．一方，フィッシャー型の指数はまたもこのテストも満たしてしまいました．フィッシャー型の指数は時点逆転テストと要素逆転テストを含め，多くの指数テストを満たすことから，「フィッシャー理想算式」とも呼ばれています．

しかし，話はここで終わったらおもしろくありません．たしかにラスパイレス型の指数同士とパーシェ型の指数同士では要素逆転テストを満たしませんが，それを組み合わせればどうでしょう．

$$P_{0t}^L \times Q_{0t}^P = \frac{2750}{2000} \times \frac{2700}{2750} = 1.35$$

$$P_{0t}^P \times Q_{0t}^L = \frac{2700}{2000} \times \frac{2000}{2000} = 1.35$$

ラスパイレス価格指数とパーシェ数量指数を掛け合わせると，なんと見事に金額指数と等しくなりました．逆に，パーシェ価格指数とラスパイレス数量指数の積も同じく金額指数と等しくなります．だれかがいうように，ラスパイレス型とパーシェ型の指数は「夫婦のように」相性がよいです．

GDP統計の場合は，まさに後者の関係が当てはまります．

GDP デフレータ×（1＋実質経済成長率）＝（1＋名目成長率）
パーシェ価格指数×ラスパイレス数量指数＝金額指数

$$\frac{\sum p_t q_t}{\sum p_0 q_t} \times \frac{\sum p_0 q_t}{\sum p_0 q_0} = \frac{\sum p_t q_t}{\sum p_0 q_0}$$

---

3. 連鎖指数

　ここまで基準となる時点固定方式の指数算式を話してきました．ラスパイレス型の指数とパーシェ型の指数は，価格や数量の変動を過大評価あるいは過小評価するといった偏り（バイアスともいう）が生じることがわかりました．その偏りは，比較する時点が基準となる時点と離れれば離れるほど大きくなる可能性があります．

　偏りを小さくするために，基準となる時点を固定しない連鎖方式の指数が登場します．連鎖指数（chain index）とは，前期を基準となる時点とする指数を作り，それを鎖のようにつなげていく方式で作成する指数のことです．

　例えば，ラスパイレス型の連鎖価格指数は次になります．

$$P_{0t}^{LC} = \frac{\sum p_1 q_0}{\sum p_0 q_0} \times \frac{\sum p_2 q_1}{\sum p_1 q_1} \times \frac{\sum p_3 q_2}{\sum p_2 q_2} \times \cdots \times \frac{\sum p_t q_{t-1}}{\sum p_{t-1} q_{t-1}}$$

パーシェ型の連鎖価格指数は次のようになります．

$$P_{0t}^{PC} = \frac{\sum p_1 q_1}{\sum p_0 q_1} \times \frac{\sum p_2 q_2}{\sum p_1 q_2} \times \frac{\sum p_3 q_3}{\sum p_2 q_3} \times \cdots \times \frac{\sum p_t q_t}{\sum p_{t-1} q_t}$$

　もちろん，フィッシャー型の連鎖価格指数もあります．また，連鎖方式の数量指数も同様にあります．

　固定基準方式より，連鎖指数がより経済の実態を反映するといわれています．また，パソコンの発達によって昔と比べ計算することが非常に楽になったこともあり，連鎖方式による指数作成が増えました．しかし，連鎖指数は加法整合性を満たさないことや，ドリフトなどの問題も存在することが知られています．

4. 関連する主要統計

　代表的な物価指数と数量指数の統計を見てみましょう．

(1) 物価指数

　代表的なものとしては，総務省が作成する「消費者物価指数」，日本銀行が作成する「企業物価指数（旧称：卸売物価指数）」，「企業向けサービス価格指数」などがあります．また，第5章で勉強する，名目 GDP と実質 GDP の比から事後的に計算される「GDP デフレータ」も物価指数の1つです．

　消費者物価指数（CPI：Consumer Price Index）とは，消費者の購入する商品の価格変動を表す指数です．作成方法として，まず，「家計調査」から基準年の家計の消費構造（品目数とウェイト）を確定し，その品目（約600品目）に合わせて，「小売物価統計調査」から個別価格指数を作成して，ラスパイレス算式によって算出されています．基準年は西暦末尾が0と5年で，5年ごとに基準改定を行っています．消費者物価指数は「経済の体温計」とも呼ばれ，我々の生活に密接する経済指標です．ま

た，GDP 統計における家計消費支出などを実質化するためのデフレータとしても利用されています．

　企業物価指数（CGPI：Corporate Goods Price Index）は企業間で取引される商品の価格に焦点を当てた物価指数です．大きく国内企業物価指数（PPI：Producer Price Index），輸出物価指数（EPI：Export Price Index），輸入物価指数（IPI：Import Price Index）に分けられます．指数は，個別に調査した商品の代表的な価格をそれぞれ指数化し，国内出荷額や輸出（輸入）額から算出したウェイトでラスパイレス算式によって算出されます．企業物価指数は，1897 年に日本銀行が「東京卸売物価指数」の公表を開始したことに始まる，100 年以上の歴史を有する物価指数です．マクロ経済分析のための重要な材料の 1 つを提供するだけでなく，GDP 統計，産業連関表を実質化し数量ベースにする際のデフレータとして使われます．

　企業向けサービス価格指数（CSPI：Corporate Service Price Index，2011 年に英文名称変更 SPPI：Services Producer Price Index）は，企業間で取引されるサービスの増加を受け，1991 年から作成開始した比較的に歴史の浅い価格指数です．情報通信，運輸，金融，保険などのサービスの需給動向を把握するほか，企業物価指数と同様，GDP を実質化する際のデフレータとして使われます．

(2)　数量指数
　代表的なものとしては，経済産業省が作成する「鉱工業指数」があります．また，第 5 章で勉強する，実質経済成長率も数量指数の 1 つです．

　鉱工業指数（IIP：Indices of Industrial Production）とは，鉱業・製造業の生産や出荷数量を総合的に表す指数です．作成方法として，事業所に対して行っている「生産動態統計調査（各事業所における製品の生産・出荷等の規模や金額を調べる統計）」を使用，約 400 品目について毎月の生産量を基準年の平均値で割って月々の指数を作成し，ウェイトは「工業統計調査」や「経済センサス−活動調査」などを使用して，ラスパイレス算式によって算出されています．

　これらの指数の作成にはいずれもラスパイレス型の指数算式が採用されていますが，それは指数を作成する際に用いられるウェイトが基準時のものだけでよいという利便性からです．

第5章

実質 GDP と産業連関表

本章では，まず，経済学における名目値と実質値の概念を確認し，その後，実質値の求め方，さらに実質 GDP について考えてみます．

1. 名目値と実質値

異なる時点あるいは場所の金額について比較する時に，名目値と実質値が登場します．名目値と実質値は経済学における重要な概念です．表 5-1 のりんごとオレンジの数値例で名目値と実質値の概念を確認してみましょう．

基準時を 2020 年，比較時を 2023 年として考えましょう．

りんごの価格が $100 \rightarrow 150$ 円と大幅に上昇（50%），オレンジ

表 5-1　名目値と実質値（数値例）

	基準時点 (0)			比較時点 (t)						数量比
	価格	数量	支出金額	価格	数量	名目支出金額	対基準時名目支出比	実質支出金額	対基準時実質支出比	
	p_0	q_0	$p_0 q_0$	p_t	q_t	$p_t q_t$		$p_0 q_t$		q_t/q_0
りんご	100	10	1000	150	8	1200	1.20	800	0.80	0.80
オレンジ	100	10	1000	125	12	1500	1.50	1200	1.20	1.20
計 (平均)			2000			2700	1.35	2000	1.00	

が100→125円と小幅に上昇（25%，つまり，相対的に価格低下）となったため，りんごの消費量は10→8個に減少（-20%），オレンジの消費量は10→12個に増加した（20%）とします．

　この場合の支出金額を見ると，りんごの消費量が減少したにもかかわらず，価格が大幅に上昇したため，りんごに対する比較時の実際の消費支出（名目支出金額）は基準時と比べ20%の増加になりました．一方，価格の変動を取り除いたりんごの実質支出金額では，基準時に比べ，数量の変動と同様に-20%となります．オレンジを見ると，比較する時点の実際の消費支出（名目金額）は基準時と比べ50%増加しましたが，実質値ベースでは，数量の変動と同様に20%の増加になっています．つまり，りんごとオレンジの実質支出金額の変動は，その消費数量の変動と等しいです．このため，実質値による比較は数量ベースの比較ともいわれます．

　また，全体の消費支出として，名目値では

$$\frac{2700 \text{（比較年名目支出金額計} \sum p_t q_t \text{）}}{2000 \text{（基準年支出金額計} \sum p_0 q_0 \text{）}} - 1 = 0.35$$

35%と大きな増加となりますが，それは消費量の増加よりも，物価の上昇，例えば，

$$\frac{2700 \text{（比較年名目支出金額計} \sum p_t q_t \text{）}}{2000 \text{（比較年実質支出金額計} \sum p_0 q_t \text{）}} - 1 = 0.35 \text{[1]}$$

35%の物価上昇によってもたらされた結果といえます．一方，実質値では，りんごに対する消費量の減少とオレンジに対する消費量の増加が相殺され，

---

[1]　この場合，パーシェ型価格指数．

◀2　この場合，ラスパイレス型数量指数．

$$\frac{2000\ (\text{比較年実質支出金額計} \Sigma\, p_0 q_t)}{2000\ (\text{基準年支出金額計} \Sigma\, p_0 q_0)} - 1 = 0 \blacktriangleleft{}^2$$

ゼロ成長となります. この実質値の変動は全体消費量の変動を表しています.

　このように, 価格 (p), 数量 (q) という2つの要素に分解できる価額 (pq) には, 名目値と実質値があります. 名目値とは, 時価で評価される実際の金額 $\left(\sum p_t q_t\right)$ であり, ある時点の実際金額を見る場合に使われます. 複数の時点を比較する場合には, その実際の金額を見るだけでは, それは価格の変動によるものか, あるいは数量の変動によるものかがわかりませんので, 異なる時点の数量ベースの変動を見る場合には, 実質値 $\left(\sum p_0 q_t\right)$ で見なければなりません.

名目値は実際の金額（当期価額）$\sum p_t q_t$

実質値は基準時価格で評価される架空の金額 $\sum p_0 q_t$

異なる時点の実質値の比較は数量ベースの比較になる

　このため, 生産規模の変動を見るための経済成長率は実質 GDP から算出されます.

2.　実質値の求め方

　異なる時点の比較は実質値 $\left(\sum p_0 q_t\right)$ が必要とわかりましたので, これからその実質値をどのように求めるかを考えましょう. 実質値の推計には, 大きく価格デフレーション法と

数量外挿法があります.

■価格デフレーション法

　一般的によく使われるのは，価格デフレーション法です.
比較時の名目（実際の）消費金額，つまり当期価額 $\left(\sum p_t q_t\right)$
があれば，それを適切な価格指数をもって価格変動分を取り
除きます.

$$\sum p_0 q_t = \sum p_t q_t \div \frac{\sum p_t q_t}{\sum p_0 q_t}$$

　　実質値＝当期価額÷パーシェ型価格指数

　例えば，表5-1の比較時点の名目消費支出金額計 2700 は，
パーシェ型価格指数 $P_{0t}^P = 1.35$（65 頁）で割れば，実質消費支
出金額計 2000 が得られます.
　名目値を価格指数で実質化することをデフレートするとも
いいます. 実質化する際に利用する価格指数のことをデフレー
タと呼び，この場合の価格指数は一義的にパーシェ型価格指
数になります.

■数量外挿法

　実質値を求めるもう一つの方法は，比較時の名目値を経由
せず，基準時価額からそのまま数量指数をかけて求めること
です.

$$\sum p_0 q_t = \sum p_0 q_0 \times \frac{\sum p_0 q_t}{\sum p_0 q_0}$$

　　実質値＝基準期価額×ラスパイレス型数量指数

　例えば，表 5-1 の基準時消費支出金額計 2000 は，ラスパイレス型数量指数 Q_{0t}^L =1.00（71 頁）を乗じれば，実質消費支出金額計 2000 が得られます．この方法を数量外挿法と呼び，この場合に利用する数量指数はラスパイレス型数量指数になります．

3. 数値例から見る GDP の実質化

　GDP の実質化は，消費支出の実質値を求めるよりもっと複雑になります．ここでは産業連関表を再登場させましょう．

　表 5-2 では，上の名目値産業連関表は，ある比較する時点（例えば，2023 年）の当時価格評価の産業連関表です．第 3 章の数値例をそのまま利用しています．基準となる時点（例えば，2020 年）と比べ，A 産業の生産物価格は 2 倍になり（この場合の価格指数は 2 です），B 産業の生産物価格は半分（この場合の価格指数は 0.5 です）になった場合の基準年価格評価の実質値産業連関表をその下に示します．

　A 産業生産物のデフレータ（この場合は 2）を用いて，名目産業連関表の 1 行目にある A 産業の産出額や各需要項目をそれぞれ除し，B 産業のデフレータ（この場合は 0.5）で，2 行目 B 産業の産出額と各需要項目をそれぞれデフレートすると，基準年価

表 5-2　産業連関表と実質 GDP 二面等価〈数値例〉

名目（P_tQ_t）産業連関表

| | | 中間需要 | | 最終需要 | | 産出額 |
		A 産業	B 産業	最終消費支出	総資本形成	
中間	A 産業	10	40	40	10	100
投入	B 産業	30	80	50	40	200
計		40	120	90	50	300
雇用者報酬		25	40			
営業余剰		20	10			
固定資本減耗		10	20			
純生産税		5	10			
付加価値計		60	80			
産出額		100	200			

名目生産側 GDP＝A 産業付加価値 60＋B 産業付加価値 80＝140

名目分配側 GDP＝雇用者報酬 65＋営業余剰 30＋固定資本減耗 30
　　　　　　　＋純生産税 15＝140

名目支出側 GDP＝最終消費支出 90＋総資本形成 50＝140

実質（P_0Q_t）産業連関表

| | | 中間需要 | | 最終需要 | | 産出額 |
		A 産業	B 産業	最終消費支出	総資本形成	
中間	A 産業	5	20	20	5	50
投入	B 産業	60	160	100	80	400
計		65	180	120	85	450
雇用者報酬		25	40			
営業余剰		20	10			
固定資本減耗		10	20			
純生産税		5	10			
ダブル・デフレーション調整項		−75	140			
付加価値計		−15	220			
産出額		50	400			

実質生産側 GDP＝A 産業実質付加価値（−15）＋B 産業実質付加価値 220
　　　　　　　＝205

実質支出側 GDP＝実質最終消費支出 120＋実質総資本形成 85＝205

格表示の実質値産業連関表の上半分ができ上がります.

　実質支出側 GDP はこのように実質化された最終消費支出（120）と総資本形成（85）の合計（205）となります.

　この場合の GDP デフレータはどうでしょう.

$$\text{GDP デフレータ} = \frac{\text{名目 GDP}}{\text{実質 GDP}} = \frac{\sum p_t q_t}{\sum p_0 q_t}$$

　つまり，名目値÷実質値によって事後的に求められます. このように，間接的にデフレータを算出する方法をインプリシット法といい，求められたデフレータを**インプリシットデフレータ**と呼びます. インプリシットデフレータは指数算式の面から見れば，パーシェ型（比較時数量ウェイト）価格指数となります. 表 5-2 の場合，名目 GDP（140）÷実質 GDP（205）＝0.68（1 より小なので，基準年と比べ，物価は下がっていることがわかる）となります. このように，支出側 GDP には，名目値，実質値と GDP デフレータの 3 本がそろっています.

　付加価値の実質化を考えましょう. 第 3 章で示したように，名目付加価値は名目産出額と名目中間投入の差額です. 実質付加価値も同様に，デフレートされた産出額からデフレートされた中間投入計を引くと，その実質付加価値（この場合，A 産業は 50－65＝－15，B 産業は 400－180＝220）になります. この付加価値の実質方法を**ダブルデフレーション**と呼びます.

　実質生産側 GDP は各産業の実質付加価値の合計です. 支出側 GDP と異なり，実際には特定の財・サービスと対応するわけではありませんので，不変価格表示の付加価値は「準数量指数」と呼び，また，対応するデフレータを「準価格指数」と呼びます.

実質産業連関表の下半分を完成させましょう.

雇用者報酬, 営業余剰・混合所得, 固定資本減耗, 純生産税という分配項目は原理的に意味のある方法で不変価格表示にすることができませんので, 名目値産業連関表から, この部分をそのままにコピーして持ってきます. その下にある「ダブルデフレーション調整項」に実質付加価値と名目付加価値の差額(この場合, A産業は(−15)−60＝−75, B産業は220−80＝140)を入れます. したがって, 名目付加価値にこのダブルデフレーション調整項を足せば, 実質付加価値になります.

このようにGDPは, 名目値では三面等価ですが, 実質値では, 生産面と支出面の二面等価になります.

4. 実質GDPの二面等価

実質GDPの二面等価を数式でも確認しましょう. 単純化するため, 上の数値例と同様に, 2部門産業連関表の枠組みで解説します.

■閉鎖経済の場合

先に閉鎖経済の場合を見てみましょう.

表5-3に示すように, 各産業の産出額を X, 各最終需要項目をまとめて F, 付加価値を V, 産業間中間取引を小文字 x と記し, 各産業の産出デフレータを D と記します.

まず, 実質支出側GDPは各産業の生産物に対する最終需要 F_1 と F_2 をそれぞれ産出デフレータ D_1 と D_2 でデフレートして集計するものです.

表5-3　閉鎖経済の産業連関表とデフレータ（記号の定義）

		中間需要		最終需要	産出額	デフレータ
		A産業	B産業			
中間投入	A産業	x_{11}	x_{12}	F_1	X_1	D_1
	B産業	x_{21}	x_{22}	F_2	X_2	D_2
付加価値		V_1	V_2			
産出額		X_1	X_2			

注：変数の単位は，D_1，D_2はデフレータ，それら以外は金額である．D_1はA産業生産物の中間需要（x_{11}，x_{12}），最終需要（F_1）と産出額（X_1）のデフレータ，D_2はB産業生産物の中間需要（x_{21}, x_{22}），最終需要（F_2）と産出額（X_2）のデフレータを示す．

$$支出側実質 GDP = \frac{F_1}{D_1} + \frac{F_2}{D_2}$$

ここで「中間需要＋最終需要＝産出額」という産業連関表の行バランスから，

$$x_{11} + x_{12} + F_1 = X_1$$

$$x_{21} + x_{22} + F_2 = X_2$$

「最終需要＝産出額－中間需要」となり，

$$F_1 = X_1 - (x_{11} + x_{12})$$

$$F_2 = X_2 - (x_{21} + x_{22})$$

これを上の支出側実質GDPの式に代入すると，次式が得られます．

$$支出側実質 GDP = \left\{ \frac{X_1}{D_1} - \left(\frac{x_{11}}{D_1} + \frac{x_{12}}{D_1} \right) \right\} + \left\{ \frac{X_2}{D_2} - \left(\frac{x_{21}}{D_2} + \frac{x_{22}}{D_2} \right) \right\}$$

一方，各産業の付加価値は産出額と中間投入との差額ですので，次のように表現できます．

$$V_1 = X_1 - (x_{11} + x_{21})$$

$$V_2 = X_1 - (x_{12} + x_{22})$$

ダブルデフレーション法による実質付加価値は，デフレートされた産出額から，それぞれデフレートされた各産業からの中間投入を差し引くことで求められますので，生産側実質 GDP は次式となります．

$$\text{生産側実質 GDP} = \left\{ \frac{X_1}{D_1} - \left(\frac{x_{11}}{D_1} + \frac{x_{21}}{D_2} \right) \right\} + \left\{ \frac{X_2}{D_2} - \left(\frac{x_{12}}{D_1} + \frac{x_{22}}{D_2} \right) \right\}$$

A 産業実質付加価値＋B 産業実質付加価値

ここから，ダブルデフレーション法から求める生産側実質 GDP は支出側実質 GDP と等しくなることが確認できます．

■開放経済の場合

表 5-4　開放経済の産業連関表とデフレータ（記号の定義）

			中間需要		最終需要	産出額 or 輸入	産出 or 輸入のデフレータ
			A 産業	B 産業			
中間投入	国産	A 産業	x_{11}^d	x_{12}^d	F_1^d	X_1	D_1
		B 産業	x_{21}^d	x_{22}^d	F_2^d	X_2	D_2
	輸入		x_1^m	x_2^m	F^m	M	D_m
付加価値			V_1	V_2			
産出額			X_1	X_2			

注：変数の単位は，D_1, D_2, D_m はデフレータ，それら以外は金額である．D_1 は A 産業の国産品に対する中間需要（x_{11}^d, x_{12}^d）と最終需要（F_1^d）及び産出額（X_1）のデフレータ，D_2 は B 産業の国産品に対する中間需要（x_{21}^d, x_{22}^d）と最終需要（F_2^d）及び産出額（X_2）のデフレータ，D_m は輸入財の中間需要（x_1^m, x_2^m），最終需要（F^m）と輸入計（M）のデフレータを示す．

　この実質 GDP の二面等価は表5-4 に示す開放経済の産業連関フレームワークでも確認できます．同表は国産品と輸入品を別々に記録する非競争輸入方式を採っています．産出額（X）に対する需要は生産過程に使用される国産品に対する中間需要（x^d），最終消費や総資本形成のほか，さらに海外からの需要である輸出も含む国産品に対する最終需要（F^d）から構成されます．また，輸入品（M）も同様に生産過程に使用される輸入中間財（x^m）と最終消費や総資本形成といった国内最終需要に向ける輸入最終財（F^m）に区分されます．新たに導入される D_m は輸入品のデフレータです．

　少し複雑になりますので，まず名目 GDP について整理してみましょう．支出側 GDP は，最終需要（$F_1^d + F_2^d + F^m$）－輸入（M）で定義されるので，次式になります．

　　　支出側 $GDP = (F_1^d + F_2^d + F^m) - M$

　また，$M = x_1^m + x_2^m + F^m$ なので，これを上式に代入すると，輸入最終財（F^m）が相殺され，次式になります．

　　　支出側 $GDP = (F_1^d + F_2^d) - (x_1^m + x_2^m)$

　つまり，支出側 GDP は国産品に対する最終需要（$F_1^d + F_2^d$）から，輸入中間財（$x_1^m + x_2^m$）を控除するものです．さらに，国産品の需給バランスから，「国産品最終需要（F^d）＝産出額－国産品中間需要」となり，これを上式に代入すると，支出側 GDP は次式で表現できます．

　　　支出側 $GDP = \{X_1 - (x_{11}^d + x_{12}^d)\} + \{X_2 - (x_{21}^d + x_{22}^d)\} - (x_1^m + x_2^m)$

　一方，各産業の付加価値は産出額と輸入を含む中間投入との差額ですので，付加価値の合計である生産側 GDP は次式のようになります．これが上の支出側 GDP と等しいことは自明です．

生産側 $GDP = V_1 + V_2$

$$= \{X_1 - (x_{11}^d + x_{21}^d + x_1^m)\} + \{X_2 - (x_{12}^d + x_{22}^d + x_2^m)\}$$

　次に実質 GDP を考えてみましょう．上式の支出側 GDP の各要素をデフレートすると，支出側実質 GDP は次式で表すことができます．

$$\text{支出側実質 } GDP = \left\{\frac{x_1}{D_1} - \left(\frac{x_{11}^d}{D_1} + \frac{x_{12}^d}{D_1}\right)\right\} + \left\{\frac{x_2}{D_2} - \left(\frac{x_{21}^d}{D_2} + \frac{x_{22}^d}{D_2}\right)\right\} -$$
$$\left(\frac{x_1^m}{D_m} + \frac{x_2^m}{D_m}\right)$$

　ダブルデフレーション法から求める生産側実質 GDP は，デフレートされる産出額からデフレートされる中間投入を引いた差額と定義されるので，次式となります．

$$\text{生産側実質 } GDP = \left\{\frac{X_1}{D_1} - \left(\frac{x_{11}^d}{D_1} + \frac{x_{21}^d}{D_2} + \frac{x_1^m}{D_m}\right)\right\} +$$
$$\left\{\frac{X_2}{D_2} - \left(\frac{x_{12}^d}{D_1} + \frac{x_{22}^d}{D_2} + \frac{x_2^m}{D_m}\right)\right\}$$

　これは上に示す支出側実質 GDP と等しくなります．このように，開放経済においても生産側実質 GDP と支出側実質 GDP の二面等価は，付加価値のダブルデフレーション法において保証されます．

コラム⑬　GDP の国際比較

　市場為替レートによる GDP の国際比較は名目比較といいます.
購買力平価による比較は実質比較といいます. 世界経済に関する
将来予測では, 購買力平価に基づくものが多いです.

GDP の国際比較

(単位：10 億ドル)

国名		購買力平価	順位	為替レート	順位
2021年	中国	27,206	1	17,745	2
	アメリカ	22,996	2	22,996	1
	インド	10,194	3	3,176	6
	日本	5,607	4	4,933	3
	ドイツ	4,888	5	4,263	4
	ロシア	4,494	6	1,779	11
	インドネシア	3,566	7	1,187	17
	ブラジル	3,436	8	1,608	13
	イギリス	3,403	9	3,188	5
	フランス	3,359	10	2,957	7
2000年	アメリカ	10,251	1	10,251	1
	中国	3,657	2	1,211	6
	日本	3,476	3	4,968	2
	ドイツ	2,398	4	1,943	3
	インド	2,025	5	476	13
	フランス	1,683	6	1,362	5
	イタリア	1,663	7	1,144	7
	イギリス	1,605	8	1,662	4
	ブラジル	1,582	9	652	10
	ロシア	1,538	10	262	21

出所：World Economic Outlook Databases, IMF（2022
年 10 月版）

5. 実質付加価値のアプローチ

　実質付加価値の推計方法としてのダブルデフレーションは，頻度の高い産業連関統計と詳細な価格指数という完全情報が利用可能な理想的状況を前提とすることがわかります．しかし，年次ベース，さらに四半期ベースでこれらの基礎統計を整備することは現実的には非常に困難です．

　GDP 統計のマニュアルである SNA では，その代替案としていくつかの接近法が勧告されています．

　各産業産出の価格と数量を大文字，その生産にかかる中間投入の価格と数量を小文字で表すと，実質付加価値は，次式のように不変価格表示の産出額から不変価格表示の中間投入額を引いた差額として定義されます．

$$\sum P_0 Q_t - \sum p_0 q_t$$

　実質付加価値を推計する方法は表 5-5 に示すように，産出と中間投入の両方の不変価格表示値を推計する上でその差額を求め

表 5-5　実質付加価値のアプローチ

	ダブルインディケータ		シングルインディケータ
価格デフレーション法	①産出と中間投入のダブルデフレーション法	③産出と中間投入の一方が数量外挿法，他方がデフレーション法というミックス法	④当期名目付加価値を主として産出デフレータによるシングルデフレーション法
数量外挿法	②産出と中間投入のダブル数量外挿法		⑤基準期付加価値を主として産出数量指数によるシングル外挿法

るダブルインディケータと，不変価格表示付加価値の近似値として求めるシングルインディケータがあります.

　ダブルインディケータには，さらに，①産出と中間投入の両方をデフレートすることで実質値を求める「ダブルデフレーション法」，②産出と中間投入をそれぞれ数量指数によって実質化する「ダブル数量外挿法」，あるいは，③産出と中間投入の一方が数量外挿法，他方がデフレーション法という「ミックス法」があります.

　また，シングルインディケータには，④名目付加価値を直接価格指数でデフレートする「シングルデフレーション法」と，⑤基準期付加価値からそのまま数量指数で延長推計する「シングル外挿法」があります.

■SNA における関連勧告の変遷

　経済学の研究成果の集大成ともいえる SNA では，実質付加価値の測定についてどのように勧告されてきたかを見てみましょう.

　1968SNA では，基準年価格表示の付加価値の推計に「他のはるかに粗野な諸方法」を退け，ダブルデフレーション法の使用が勧告されました. 日本では，この勧告を受け，1978 年の「新 SNA」移行時にダブルデフレーション法が全面的に採用され，実質 GDP の二面等価を図ってきました. この経緯もあって，日本では，今日でもダブルデフレーション法による付加価値の実質化は当然で唯一の方法と考えられています.

　その後, 1993SNA でも，「U 行列や産業連関表における財・サービス・フローに関連するような価格・数量測度の統合された枠組みの中では，総付加価値はダブルデフレーションによって測定さ

れなければならない．そうでないと，使途側と源泉側とをバランスさせることができなくなる（1993SNA，16.61 段）」とし，付加価値の数量測度としてダブルデフレーション法が依然として勧告されました．

しかし，1993SNA は，同時に問題点として，

「ダブルデフレーション法は，産出と中間消費の両系列の測定誤差の影響を受けるため，誤差が累積しやすく，付加価値系列を極端に誤差に敏感にしてしまう．とくに，その産出に対して付加価値の比率が小さい産業では問題が大きい」と言明しています．

そこで，「場合によっては，誤差をもつ2つの系列の差額として付加価値を測定するという方法を放棄して，ただ一つの系列を用いて付加価値の数量的な動きを直接的に推計するほうが――すなわち，ダブルデフレーションではなくて〈シングルインディケータ〉を用いるほうが――良い（1993SNA，16.68 段）」と勧告されるようになりました．

また，シングルインディケータについては，まずシングルデフレーション法を提示し，「当期価格表示の付加価値のデータがないときに」その近似としてシングル外挿法を提示しています▼3．

▼3 「当期価格表示の総付加価値のよいデータがあるならば，ダブルデフレーションに代わる一つの方法は当期価格の付加価値を産出の価格指数によって直接デフレートすることである．この方法はシングルデフレーションと呼ぶことができる．これは，少なくとも短期においては，不変価格表示の付加価値の変化に対する良い近似をもたらすものと思われる．考えられるもうひとつの手続きは，基準年の付加価値を産出数量指数で外挿することである．後者の方法でも前者の方法と類似の結果が得られ，当期価格表示の付加価値のデータがないときに使うことができる（1993SNA，16.69 段）」を参照．

　しかしながら 1993SNA では，シングルインディケータ法があくまで「利用可能なデータがダブルデフレーションを使用し得るほどには十分に信頼し得ず，また，頑健でもない場合には，容認し得る次善の解決方法である（1993SNA，16.70 段）」とも明示されています．

　さらに，2008SNA では，ダブルデフレーション法に対する 1968SNA 以来の強い勧告の姿勢から，いっそうの柔軟性を見せました．

　「ダブルデフレーション法は理論的に良いが，しかしその推計結果は産出数量と中間消費数量という両系列の測定誤差の影響を受ける．とくに中間消費に産出 PPI▼4 が利用されているにもかかわらず，その中間消費に多くの輸入品が使用されている場合に，その誤差の影響はさらに大きくなる．というのは，差額としての付加価値は 2 つのはるかに大きい数字に比べ，わずかであり，それを極端に誤差に敏感にしてしまうからだ（2008SNA，15.134 段）」と，1993SNA より一歩進んで，グローバル化が進む現実の世界経済と推計実務に使用できる統計データ（非競争輸入型産業連関表や輸入品価格指数の不在）との乖離の問題まで提示されるようになりました．

　すなわち，2008SNA では 1968SNA と異なり，ダブルデフレーション法の方が最善でほかは次善であるというくだりがなく，それぞれの推計法に一長一短があり，それらが並列に提示されています．そして，

▼4　生産者物価指数（Producer Price Index）のこと．このくだりから，ダブルデフレーション法を採用している国には，中間消費に含まれる輸入品の価格変動を，実際に考慮していないことが多いと窺える．

「シングルインディケータ法（バイアスをもつ結果をもたらす可能性がある）が採用されるべきか，あるいはダブルデフレーション法（不安定な結果をもたらす可能性がある）が採用されるべきかという選択は，判断に基づくものでなければならない．すべての産業について同じ方法を採用する必要はない（2008SNA, 15.134 段）」と勧告されています．

2017 年に IMF の研究チームが G20 諸国に対して行った各国における実質付加価値の推計方法についての調査によれば，イギリスを除く主要先進国は基本的にダブルデフレーション法を採用し，中国やインドなどがシングルデフレーション法を採用しています[5]．

実質 GDP は理論的に二面等価ですが，実際の統計実務を踏まえて考えれば，それがかならず実現できるとは限らないことも理解できるでしょう．

6. シングルデフレーション法のバイアスについて

実質 GDP 二面等価を満たす唯一の付加価値実質法として，ダブルデフレーション法が理論的に優れているとされています．

一方，中間投入の情報や価格指数が十分に得られない場合に利用される接近法としてのシングルデフレーション法（あるいは直接デフレーションとも呼ぶ）は，産出とその中間投入がほぼ同じ

[5] Alexander, Thomas, Claudia Dziobek, Marco Marini, Eric Metreau and Michael Stanger（2017）"Measure up: A Better Way to Calculate GDP" *IMF Staff Discussion Note*, SDN/17/02 を参照．DOI：https://doi.org/10.5089/9781475572605.006

ように価格変化することを暗黙に仮定しています.

　以下では,閉鎖経済におけるシングルデフレーション法による実質 GDP 推計値がもつ,ダブルデフレーション法に対するバイアスを考えてみましょう[6].ここでは,ダブルデフレーション法から求める生産側実質 GDP を *DRVA*,シングルデフレーション法から求める生産側実質 GDP を *SRVA* と表し,表5-3 の記号をそのまま使います.

　ダブルデフレーション法から求める生産側実質 GDP は次式になります.

$$DRVA = \left\{ \frac{X_1}{D_1} - \left(\frac{x_{11}}{D_1} + \frac{x_{21}}{D_2} \right) \right\} + \left\{ \frac{X_2}{D_2} - \left(\frac{x_{12}}{D_1} + \frac{x_{22}}{D_2} \right) \right\}$$

　一方,シングルデフレーション法とは,各産業の産出額デフレータでそのまま名目付加価値額をデフレートすることですので,次式になります.

$$SRVA = \frac{V_1}{D_1} + \frac{V_2}{D_2} = \left\{ \frac{X_1}{D_1} - \left(\frac{x_{11}}{D_1} + \frac{x_{21}}{D_2} \right) \right\} + \left\{ \frac{X_2}{D_2} - \left(\frac{x_{12}}{D_2} + \frac{x_{22}}{D_2} \right) \right\}$$

　したがって,シングルデフレーション法のバイアスは,次のように定義できます.

$$bias = SRVA - DRVA = \frac{x_{12} - x_{21}}{D_1} - \frac{x_{12} - x_{21}}{D_2}$$

　ここで,*A* 産業を中間財性格産業,*B* 産業を最終財性格産業と

▼6　李潔(2019)「価格変化がシングルデフレーション・バイアスに与える影響の分析 ── 産業間及び国産品と輸入品間の相対価格変化を対象に」『社会科学論集』第157 号では,開放経済の場合における国産品の中間財と最終財生産物の相対価格変化,さらに,国産品と輸入品の相対価格変化によるシングルデフレーション・バイアスとの関係を数式にて提示している.

すると，$x_{12} - x_{21} > 0$ となります．中間財性格産業と最終財性格産業の価格変動が同率でない（$D_1 \neq D_2$）限り，バイアスが発生します．シングルデフレーション法は $D_1 > D_2$ の場合にはマイナス方向のバイアスを発生するため，経済成長率は過小評価となり，逆に $D_1 < D_2$ の場合にはプラス方向のバイアスを発生し，経済成長率は過大評価になります．

この結論は，多部門についても同様と考えられます．正しい計測法としてのダブルデフレーションの場合には，中間財性格産業の価格上昇は，その産業の（中間投入ではなく）中間需要の実質値を下方へ導き，（その産業の付加価値ではなく）集計値としての実質 GDP を上方に導きますが，シングルデフレーションの場合はその分だけ中間需要の実質値を過大評価に働きかけ，したがって集計値としての実質 GDP を過小評価に働きかけることになります．逆も同様です．すべての産業についてこの影響の大きさは一律ではなく，その産業の中間財性格あるいは最終財性格の度合いや，平均価格からの乖離の度合い，さらにその産業が経済に占める大きさに依存すると考えられます．産業が大きければ大きいほど集計値としての GDP に与える影響も大きくなります．産業の性格が中立的な産業，あるいは相対価格変化が全産業の平均価格変化と同率の産業は，集計値としての実質 GDP にシングルデフレーション法によるバイアスを発生させません．

■数値例による考察

この関係を 2 部門産業連関表の数値例で確認しましょう．

表5-6 では，中間財産業と最終財産業からなる 2 部門産業連関表の数値例を示しています．

表5-6　**ダブルデフレーション法とシングルデフレーション法（数値例）**

名目産業連関表

		中間需要		最終需要	産出額
		中間財産業	最終財産業		
中間	中間財産業	48	72	90	210
投入	最終財産業	22	33	165	220
付加価値		140	115		
産出額		210	220		

名目GDP（支出側）＝90＋165＝255

名目GDP（生産側）＝140＋115＝255

実質産業連関表〈$D_1 > D_2$ の場合〉

		中間需要		最終需要	産出額	デフレータ
		中間財産業	最終財産業			
中間	中間財産業	40	60	75	175	1.20
投入	最終財産業	20	30	150	200	1.10
実質付加価値		115	110			
産出額		175	200			

実質GDP（支出側）＝75＋150＝225

実質GDP（生産側）＝115＋110＝225

SRVA による実質GDP＝140÷1.2＋115÷1.1＝221.2

実質産業連関表〈$D_2 > D_1$ の場合〉

		中間需要		最終需要	産出額	デフレータ
		中間財産業	最終財産業			
中間	中間財産業	48	72	90	210	1.00
投入	最終財産業	20	30	150	200	1.10
実質付加価値		142	98			
産出額		210	200			

実質GDP（支出側）＝90＋150＝240

実質GDP（生産側）＝142＋98＝240

SRVA による実質GDP＝140÷1＋115÷1.1＝244.5

　まず，$D_1 > D_2$ の場合を見ましょう．中間財産業の生産物価格は20%上昇，最終財産業は10%上昇とします．中間財と最終財産業の産出額や各需要項目をそれぞれ1.20と1.10でデフレートし，このように実質化された各産業の産出額から，実質化されたその中間投入計を引くと，ダブルデフレーション法による実質付加価値が求められます．一方，各産業の産出デフレータ1.20と1.10を用いて名目付加価値をそのままデフレートしてシングルデフレーション法による実質付加価値も求められます．シングルデフレーション法の実質 GDP（116.7 + 104.5 = 221.2）は，支出側実質 GDP やダブルデフレーション法の実質 GDP（225）より過小評価（SRVA < DRVA）になることがわかります．

　次は，$D_2 > D_1$ の場合を見ましょう．最終財産業の生産物価格は同じく10%上昇，中間財産業の生産物価格は変化しないとします．両産業の産出額や各需要項目をそれぞれ1と1.10でデフレートし，支出側実質 GDP やダブルデフレーション法の実質 GDP（240）が求められます．シングルデフレーション法から求める実質 GDP（140 + 104.5 = 244.5）は，支出側実質 GDP やダブルデフレーション法の実質 GDP より過大評価（SRVA > DRVA）になることがわかります．

　前述の IMF の研究チームが，G20 のうちダブルデフレーション方式を使用している 8 カ国（ベルギー，ブラジル，カナダ，フランス，日本，韓国，オランダ，米国）のデータを使用して，これらの国において仮にシングルデフレーション法を採用した場合の実質値を推計して，ダブルデフレーション方式により推計されている公表値とそれらの差異について分析を行いました．その結果，シングルデフレーション法から算出される経済成長率との差

異の平均でみると，過小評価は 5 カ国（ベルギー，フランス，日本，オランダ，米国），過大評価は 3 カ国（ブラジル，カナダ，韓国）で，シングルデフレーション法の実質 GDP 推計値が傾向的に過大（あるいは過小）評価となる結論は得られませんでした.

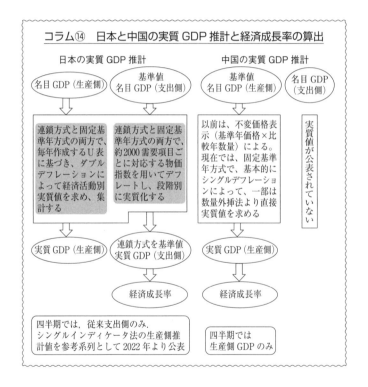

コラム⑭　日本と中国の実質 GDP 推計と経済成長率の算出

日本の実質 GDP 推計

名目 GDP（生産側）　　基準値
　　　　　　　　　　名目 GDP（支出側）

連鎖方式と固定基準年方式の両方で，毎年作成する U 表に基づき，ダブルデフレーションによって経済活動別実質値を求め，集計する

連鎖方式と固定基準年方式の両方で，約 2000 需要項目ごとに対応する物価指数を用いてデフレートし，段階別に実質化する

実質 GDP（生産側）

連鎖方式を基準値実質 GDP（支出側）

経済成長率

四半期では，従来支出側のみ．シングルインディケータ法の生産側推計値を参考系列として 2022 年より公表

中国の実質 GDP 推計

基準値
名目 GDP（生産側）　　名目 GDP（支出側）

以前は，不変価格表示（基準年価格×比較年数量）による．現在では，固定基準年方式で，基本的にシングルデフレーションによって，一部は数量外挿法より直接実質値を求める

実質値が公表されていない

実質 GDP（生産側）

経済成長率

四半期では生産側 GDP のみ

第 6 章

産業連関モデルの考え方
— 閉鎖経済の場合 —

　　産業連関表は，作成対象年次における我が国の経済構造を総体的
　に明らかにするとともに，<u>経済波及効果分析や各種経済指標の基準
　改定を行うための基礎資料</u>を提供することを目的に作成しており，
　一定期間（通常1年間）において，財・サービスが各産業部門間で
　どのように生産され，販売されたかについて，行列（マトリック
　ス）の形で一覧表にとりまとめたものです（総務省ウェブサイトよ
　り）．

　このように産業連関表には大きく2つの役割があります．第3
章及び第5章では，その<u>後者</u>，GDP統計の推計・基準改定の基
礎資料としての役割について勉強しましたが，本章と次章では，
その<u>前者</u>，経済波及効果分析について勉強します．本章では，ま
ず産業連関モデルの考え方・基本構造について理解し，次章で
は，若干の応用分析を含めて解説します．

1. 産業連関表の歴史的経緯

　産業連関表は1936年にアメリカ経済学者ワシリー・レオン
チェフ（1906 ～ 1999年）によって考案され，主として経済波及
効果分析などに使用されるものです．

　産業連関分析は，経済現象の相互依存
関係を方程式の形で最初に確立したワルラ
スの**一般均衡理論**を背景として，現実の統
計数値によって適用するものとされていま
す．産業連関分析による経済予測等につい
て，精度の高さと有用性が認められたこと
から，広く世界で使われるようになりました．レオンチェフは，
その功績により 1973 年にノーベル経済学賞を受賞しました．

　政府の手による最初の本格的な産業連関表は 1939 年を対象
としてアメリカ労働統計局（BLS）によって作成されたもので，
BLS はこの産業連関表を使って雇用予測を行いました．さらに
1944 年にはアメリカ戦時生産計画部がそれを経済予測に利用し，
精度の高い結果が得られたことで，急速に全世界に普及するよう
になりました．

　日本は政府統計としていち早く産業連関表の作成に取り組ん
だ国で，1951 年を対象とするものが最初となります．産業連関
分析は高度経済成長期の政策運営に大きく寄与したといわれてい
ます．

　現在では，総務省をまとめ役として，10 府省庁の共同作業に
よる産業連関表（全国を対象としていることから「全国表」とも
いう）を 5 年ごとに作成しているほか，地域間産業連関表（日本
を 9 つの地域に分割した各地域を対象に，経済産業省が 5 年ご
とに作成），都道府県・市産業連関表，延長産業連関表（全国表
をベンチマークとして直近の産業構造を推計したもので，経済産
業省が毎年作成），SNA 産業連関表（全国表をベンチマークとし
て，SNA の定義に合わせて内閣府が毎年作成），国際産業連関表

表 6-1　日本 2015 年産業連関表

		中　間　需　要									
		01 農林 漁業	02 鉱業	03 製造業	04 建設	05 電力 ガス 水道	06 商業	07 金融・ 保険	08 不動産	09 運輸・ 郵便	10 情報 通信
中間投入	01 農林漁業	1,567	0	8,148	63	0	11	0	0	2	0
	02 鉱業	0	2	13,108	380	7,619	1	0	0	0	0
	03 製造業	3,122	135	133,284	17,677	1,805	4,221	1,116	236	3,848	2,592
	04 建設	36	5	603	51	492	314	89	724	251	175
	05 電力ガス水道	131	36	6,725	254	2,743	2,454	224	358	781	380
	06 商業	889	28	14,466	3,494	649	1,389	220	118	455	656
	07 金融・保険	93	40	1,997	813	517	1,748	1,650	6,146	861	301
	08 不動産	26	8	614	294	148	2,677	549	2,413	909	1,168
	09 運輸・郵便	392	30	6,628	1,755	988	2,477	1,038	89	5,252	978
	10 情報通信	49	7	1,894	536	454	3,566	2,046	277	566	8,454
	11 公務	0	0	0	0	0	0	0	0	0	0
	12 サービス	390	106	10,167	6,164	2,570	9,545	4,408	2,334	3,724	9,336
	13 分類不明	51	10	935	849	111	652	165	140	455	132
	内生部門計	6,746	407	198,569	32,332	18,095	29,054	11,506	12,836	17,105	24,171
粗付加価値部門	家計外消費支出	82	37	3,645	1,245	309	2,293	1,073	313	900	930
	雇用者所得	1,494	174	45,183	21,262	2,591	37,453	11,062	4,672	15,585	10,500
	営業余剰	2,811	77	14,923	1,707	1,303	14,806	8,986	31,774	3,207	7,226
	資本減耗引当	1,997	93	29,232	2,337	6,084	8,507	2,600	27,161	6,343	5,525
	間接税	514	60	10,459	2,247	1,032	4,040	747	3,987	2,455	1,622
	(控除) 経常補助金	−755	0	−198	−292	−233	−47	−526	−23	−149	−1
	粗付加価値部門計	6,142	441	103,245	28,505	11,085	67,053	23,942	67,883	28,341	25,804
	国内生産額	12,888	848	301,814	60,837	29,179	96,107	35,448	80,719	45,446	49,975

資料：総務省他『平成 27 年産業関連表』より

　注：四捨五入の関係で内訳は必ずしも合計と一致しない。

（生産者価格評価表）　　　　　　　　　　　　　　　　（単位：10億円）

11 公務	12 サービス	13 分類不明	内生部門計	家計外消費支出	民間消費支出	一般政府消費支出	国内総資本形成	輸出	(控除)輸入	国内生産額
2	1,516	0	11,310	68	3,822	0	383	113	−2,808	12,888
0	4	1	21,116	−5	−6	0	−8	45	−20,293	848
2,120	31,556	288	202,001	1,639	57,338	7	39,468	65,613	−64,253	301,814
329	629	1	3,699	0	0	0	57,137	0	0	60,837
641	5,751	30	20,506	9	8,798	−212	0	82	−3	29,179
442	10,302	53	33,162	1,664	48,208	10	7,578	5,675	−190	96,107
857	2,290	16	17,328	0	17,775	0	0	1,745	−1,399	35,448
74	2,854	149	11,884	0	65,914	22	2,854	47	−2	80,719
987	4,285	396	25,295	416	15,107	52	881	7,304	−3,609	45,446
1,207	9,294	354	28,704	181	13,262	36	9,351	763	−2,322	49,975
0	0	1,157	1,157	0	1,168	37,414	0	0	0	39,739
4,894	24,804	315	78,757	11,084	74,223	68,200	19,792	5,378	−7,238	250,196
37	1,191	0	4,728	0	10	0	0	5	−51	4,693
11,592	94,477	2,761	459,649	15,056	305,616	105,529	137,436	86,769	−102,168	1,007,888

11 公務	12 サービス	13 分類不明	内生部門計
434	3,774	20	15,056
14,324	101,440	59	265,799
0	15,521	1,565	103,905
13,315	27,646	230	131,071
74	8,350	82	35,668
0	−1,013	−24	−3,260
28,147	155,719	1,932	548,239
39,739	250,196	4,693	1,007,888

コラム⑮　家計外消費支出とは

　表6-1日本2015年産業連関表をみると，粗付加価値項目と最終需要項目の先頭にいずれも「家計外消費支出」という項目があります．これはいわゆる「企業消費」です．つまり，交際費，接待費，出張費から実際に支払った運賃を除くものです．中身は家計消費支出と似ていますが，カネの出所は家計ではないので，このようなネーミングになりました．粗付加価値部門にある「家計外消費支出（行）」は，だれ（どの産業）によってその支出をしたかが示され，最終需要部門にある「家計外消費支出（列）」は，なに（どの産業の生産物）を消費支出したかが示されています．

　SNAでは，この「企業消費」は「中間投入・中間消費」に含まれ，GDP（分配側あるいは支出側）には含まれません．日本の産業連関表は従来経済波及分析を最も重要な目的とし，投入係数の安定性を最優先としてきたため，この項目を外生部門に設けたわけです．つまり，この項目は日本のオリジナルです．

家計外消費支出の割合の推移（%）

	家計外消費支出対粗付加価値部門計比	家計外消費支出対国内生産額比
1985	4.22	2.07
1990	3.92	2.02
1995	3.84	2.07
2000	3.69	2.00
2005	3.32	1.73
2011	2.86	1.45
2015	2.75	1.49

資料：総務省他『産業連関表』より作成

　この表から，バブル崩壊以降，企業の経費削減を反映して，家計外消費支出が粗付加価値部門計と国内生産額に占める割合がいずれも低下してきたことがよくわかります．

（国際間取引を詳細に記述したもので，経済産業省やアジア経済研究所が作成），各種分析用産業連関表（分析目的に応じて各機関が作成）など，それぞれの目的に応じた多くの産業連関表が作成され，幅広く利用されています．

2. 産業連関表からみる産業の相互依存関係

　表6-2は，輸出入が無いと仮定した経済の場合の2つの産業部門からなる産業連関表の数値例です．

　ヨコの行から見ると，各産業によって生産される財・サービスがどのように需要（産出）されるかという需要構造（需給バランス）を示しています．

　行バランス：中間需要＋最終需要＝生産額

表6-2　閉鎖経済の産業連関表〈数値例〉

投入＼産出		中間需要		最終需要	生産額
		A 産業	B 産業		
中間投入	A 産業	10	40	50	100
	B 産業	30	80	90	200
付加価値		60	80		
生産額[1]		100	200		

▼1　ここの生産額は，第3章，第5章の産出額と同じ意味である．内閣府によって作成されるGDP統計関連では「産出額」という表現を使用し，総務省をまとめ役とする10府省庁の共同作業による産業連関表では「国内生産額」を使用しているので，本書もそれに合わせて使い分けている．

　タテの列から見ると，各産業の生産活動にどのような生産要素が供給（投入）されるかという生産の費用構成（収支バランス）を示しています.

　列バランス：中間投入＋付加価値＝生産額

　産業連関表は，このように列では生産要素の投入を示し，行では生産物の産出を示すことから，「投入産出表（Input-Output Tables，略してI－O表）」とも呼ばれています.

■投入係数の導入

　ここでは，投入係数を導入します. 列の投入構造に注目して，生産額でその生産にかかる原材料などの中間投入を除して求める係数ですが，各産業の生産単位当たりの中間投入を表し，産業連関分析では，産業間の生産技術的な連結関係を表す係数とされています.

表6-3　投入係数表（数値例）

	A 産業	B 産業
A 産業	0.1　（＝10÷100）	0.2（＝40÷200）
B 産業	0.3　（＝30÷100）	0.4（＝80÷200）

■需給バランスから連立方程式の導入

　投入係数を使って，各産業の需給バランスをもう一回眺めてみましょう.

Ⓐ産業：$0.1 \times 100 + 0.2 \times 200 + 50 = 100$

Ⓑ産業：$0.3 \times 100 + 0.4 \times 200 + 90 = 200$

中間需要 ＋ 最終需要＝生産額

　各産業の生産はその産業に対する需要（中間需要と最終需要）
によって決定されます．最終需要は第3章に示したように，最終
生産物に対する需要で，それは生産の究極の目的である我々の生
活を豊かにするための消費需要と，次期以後の生産活動に使用さ
れるための投資需要から構成されます．一方，その中間需要は自
産業や他産業の生産規模と投入係数で表す生産技術に依存するこ
とが上の式から読み取れます．産業連関分析は各産業の生産水準
がどのように決定されるかを究明しようとするものですので，こ
こで，A産業の生産額をxに，B産業の生産額をyに書き直すと，
次の1次連立方程式を得ます．

$$\begin{cases} 0.1x + 0.2y + 50 = x \\ 0.3x + 0.4y + 90 = y \end{cases} \qquad \cdots\cdots\cdots ①$$

　産業が取引関係を通して相互依存しながら，各産業に対する最
終需要によって，その生産水準が同時決定されることがいっそう
明瞭になります．投入係数はまさに各産業のこうした相互依存関
係を表現しているのです．

　①の連立方程式を解けば，次の解が得られます．

　　$x = 100$

　　$y = 200$

　経済学的解釈として，A産業に対する最終需要が50，B産業
に対する最終需要が90あって，投入係数によって表現される生
産技術のもとで生産活動を営みますが，結果的に（最終的に）A
産業は100，B産業は200の需要が誘発され，生産することになっ
たということです．

■新規需要が発生した場合

もし，B産業に対し，新しく10の需要（消費，投資あるいは輸出）が発生した場合，各産業の生産がどれだけ増えるかという問いに対して，連立方程式は次のようになります．

$$\begin{cases} 0.1x + 0.2y + 0 = x \\ 0.3x + 0.4y + 10 = y \end{cases} \quad\cdots\cdots\cdots ②$$

この連立方程式を解けば，各産業の均衡生産額水準が

$$x = \frac{25}{6} \approx 4.17$$

$$y = \frac{75}{4} \approx 18.75$$

得られます．B産業に対する需要が，ちょうど水面に投げた石が波紋を生んで次々と範囲を広げていくように，直接から間接，あるいは間接から間接へ波及していく究極的な結果として，最終的にA産業に4.17，B産業に18.75の生産波及を及ぼしたことを示しています．

■投入係数による生産の波及

B産業に対する10の新規需要が，投入係数を経由して各産業へ生産波及していくイメージを図6-1に示します．

②式の均衡解は各産業の受ける波及効果の結果を示すものです．図6-1に示すように，B産業が10の新規需要（直接効果）を受けて生産するためには，その生産活動で用いられる原材料の投入を増加させる必要があることから，A産業には2（=10×0.2），B産業には4（=10×0.4）の生産増をもたらします（1次誘発効果）．そして，このA産業2及びB産業4の生産増のために用

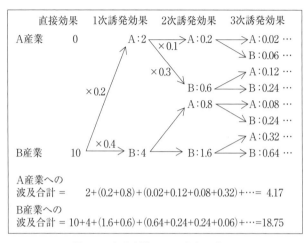

図6-1　投入係数による生産の波及

いられる原材料について，さらに生産の増加が必要となり（2次誘発効果），このように投入係数を介した波及が無限に続けられます．上の連立方程式の均衡解は，直接効果とこうした誘発効果（間接効果とも呼ぶ）を全部合計したものになります．

■GDPへの波及効果

　ここまでの経済波及効果とは，各産業の生産額への波及効果で，そのまま GDP になるわけではありません．当然ながら，生産の増大は付加価値の増大につながります．ここで付加価値計数（付加価値率とも呼ぶ）を導入します．

　付加価値率とは生産額単位当たりの付加価値ですので，各産業の生産額の増分×付加価値率は，産業別の付加価値の増分となり，それを集計すると GDP の増分になります．②式の例では，

表6-4　付加価値係数表（数値例）

	A 産業	B 産業
付加価値計数	0.6(=60÷100)	0.4(=80÷200)

GDPへの波及効果は次のようになります.

GDP の増分 $=0.6x+0.4y$

$$=0.6\times\frac{25}{6}+0.4\times\frac{75}{4}=2.5+7.5=10$$

■経済波及効果の拡張と応用

　また，産業連関表とリンクした雇用表があれば，生産の増大による雇用への波及効果分析もできます（レオンチェフが行ったように）. 例えば，表6-5のような雇用表（1行目）があれば，各産業の生産額でその生産に必要な労働投入（この場合は従業者数）を除すると，生産額単位当たりの「労働投入係数」が得られます.

表6-5　雇用と労働投入係数表（数値例）

	A 産業	B 産業
従業者数（人）	300	400
労働投入係数	3(=300÷100)	2(=400÷200)

　各産業の経済波及効果である生産額の増分×労働投入係数は，雇用への波及効果になります. ②式の例では，雇用への波及効果は次のようになります.

雇用の増分 $= 3x + 2y$

$$= 3 \times \frac{25}{6} + 2 \times \frac{75}{4} = 12.5 + 37.5 = 50$$

　雇用に限らず，産業連関分析は汚染や CO_2 などの環境関連の分析にも幅広く応用されています．例えば，表 6-5 の「従業者数」を各産業の「CO_2 排出量」に，「労働投入係数」を各産業の生産単位当たりの CO_2 排出量である「CO_2 排出計数」にすれば，需要構造の変化による生産の波及効果から CO_2 排出量の変化へと地球温暖化の分析に展開できます．

3.　均衡産出高モデル

　上の数値例を一般化するために，表 6-6 に示すように記号を導入しましょう．各産業の生産額を大文字 X，産業間の中間取引を小文字 x，各最終需要項目をまとめて F，付加価値を V，と記し，1 から n 個の産業部門を下付きの添字で表記します．

　投入係数表は表 6-7 に示すように，各列部門において，それぞれ 1 単位の生産を行うために必要とされる原材料などの大きさを示したもので，中間需要の列部門 j ごとに，各行部門 i からの中間投入 x_{ij} を当該列部門の生産額 X_j で除することによって得られます．

　産業連関表をヨコの行方向から見ると，生産物の需要構造が示されます．115 頁③式に示すように，各産業部門は

　　中間需要＋最終需要＝生産額

という需給バランスが成り立ちます．

表 6-6　閉鎖経済の産業連関表（記号の定義）

		内生部門				外生部門	
	産出	中間需要				最終	生産
投入		部門 1	…	部門 j	…	部門 n	需要	額

（表の本体）

内生部門	中間投入	部門 1	x_{11}	…	x_{1j}	…	x_{1n}	F_1	X_1
		⋮	⋮		⋮		⋮	⋮	⋮
		部門 i	x_{i1}	…	x_{ij}	…	x_{in}	F_i	X_i
		⋮	⋮		⋮		⋮	⋮	⋮
		部門 n	x_{n1}	…	x_{nj}	…	x_{nn}	F_n	X_n
外生部門	付加価値		V_1	…	V_j	…	V_n		
	生産額		X_1	…	X_j	…	X_n		

注：変数の単位は金額である．下付きの添え字 i, j（$= 1 \cdots n$）は任意の産業部門を表す．X_i は行方向の第 i 産業，X_j は列方向の第 j 産業の生産額を，x_{ij} は行方向から見ると第 i 産業の生産物に対する第 j 産業からの中間需要，列方向から見ると第 j 産業の生産活動に使用される第 i 産業からの中間投入，F_i は第 i 産業の生産物に対する最終需要，V_j は第 j 産業の生産活動によって発生する付加価値を表す．

表 6-7　投入係数表

	部門 1	…	部門 j	…	部門 n
部門 1	$a_{11} = \dfrac{x_{11}}{X_1}$	…	$a_{1j} = \dfrac{x_{1j}}{X_j}$	…	$a_{1n} = \dfrac{x_{1n}}{X_n}$
⋮			⋮		⋮
部門 i	$a_{i1} = \dfrac{x_{i1}}{X_1}$	…	$a_{ij} = \dfrac{x_{ij}}{X_j}$	…	$a_{in} = \dfrac{x_{in}}{X_n}$
⋮			⋮		⋮
部門 n	$a_{n1} = \dfrac{x_{n1}}{X_1}$	…	$a_{nj} = \dfrac{x_{nj}}{X_j}$	…	$a_n = \dfrac{x_{nn}}{X_n}$

$$\begin{cases} x_{11} + \cdots + x_{1j} + \cdots + x_{1n} + F_1 = X_1 \\ \vdots \qquad\quad \vdots \qquad\quad \vdots \qquad \vdots \\ x_{i1} + \cdots + x_{ij} + \cdots + x_{in} + F_i = X_i \\ \vdots \qquad\quad \vdots \qquad\quad \vdots \qquad \vdots \\ x_{n1} + \cdots + x_{nj} + \cdots + x_{nn} + F_n = X_n \end{cases} \qquad \cdots\cdots\cdots ③$$

$$\boxed{a_{ij} = \frac{x_{ij}}{X_j} \implies x_{ij} = a_{ij} \cdot X_j}$$

投入係数の定義から，産業間の中間取引を投入係数と生産額の積として表現することができます．上の需給バランスから次の連立方程式が得られます．

$$\begin{cases} a_{11}X_1 + \cdots + a_{1j}X_j + \cdots + a_{1n}X_n + F_1 = X_1 \\ \vdots \qquad\qquad \vdots \qquad\qquad \vdots \qquad \vdots \quad \vdots \\ a_{i1}X_1 + \cdots + a_{ij}X_j + \cdots + a_{in}X_n + F_i = X_i \\ \vdots \qquad\qquad \vdots \qquad\qquad \vdots \qquad \vdots \quad \vdots \\ a_{n1}X_1 + \cdots + a_{nj}X_j + \cdots + a_{nn}X_n + F_n = X_n \end{cases} \qquad \cdots\cdots\cdots ④$$

④式は，各産業の生産水準 X_i が，投入係数を経由して，各産業に対する最終需要 F_i によって決定されることが示されています．この意味で，F は**外生変数**，X は**内生変数**といいます．

また，④式を行列表示すると，次式になります[2]．

$$\begin{pmatrix} a_{11} & \cdots & a_{1j} & \cdots & a_{1n} \\ \vdots & & \vdots & & \vdots \\ a_{i1} & \cdots & a_{ij} & \cdots & a_{in} \\ \vdots & & \vdots & & \vdots \\ a_{n1} & \cdots & a_{nj} & \cdots & a_{nn} \end{pmatrix} \begin{pmatrix} X_1 \\ \vdots \\ X_j \\ \vdots \\ X_n \end{pmatrix} + \begin{pmatrix} F_1 \\ \vdots \\ F_i \\ \vdots \\ F_n \end{pmatrix} = \begin{pmatrix} X_1 \\ \vdots \\ X_i \\ \vdots \\ X_n \end{pmatrix} \qquad \cdots\cdots\cdots ④'$$

▼2　簡単な行列計算については付録2を参照．

ここで，投入係数の行列 A，各産業生産額の列ベクトル X，最終需要の列ベクトル F を

$$A = \begin{pmatrix} a_{11} & \cdots & a_{1j} & \cdots & a_{1n} \\ \vdots & & \vdots & & \vdots \\ a_{i1} & \cdots & a_{ij} & \cdots & a_{in} \\ \vdots & & \vdots & & \vdots \\ a_{n1} & \cdots & a_{nj} & \cdots & a_{nn} \end{pmatrix} \quad X = \begin{pmatrix} X_1 \\ \vdots \\ X_j \\ \vdots \\ X_n \end{pmatrix} \quad F = \begin{pmatrix} F_1 \\ \vdots \\ F_i \\ \vdots \\ F_n \end{pmatrix}$$

とすると，上式は

$$AX + F = X \qquad \cdots\cdots\cdots ④''$$

となります．これを X について解くと，次の均衡産出高モデルを得ます．

$$X - AX = F$$

$$(I - A)X = F$$

$$\therefore \quad X = (I - A)^{-1} F \qquad \cdots\cdots\cdots ⑤$$

ここで I は単位行列です．$(I - A)^{-1}$ は逆行列，あるいはレオンチェフ逆行列と呼びます．

■逆行列の意味と見方

数学的にレオンチェフ逆行列は投入係数との間に次の関係が成り立ちます．

$$(I - A)^{-1} = I + A + A^2 + A^3 + \cdots \qquad \cdots\cdots\cdots ⑥ \,{}^{▶3}$$

これを③式に代入すれば，次のようになります．

$$X = (I - A)^{-1} F = F + AF + A^2 F + A^3 F + \cdots \qquad \cdots\cdots\cdots ⑦$$

各産業の生産額＝直接効果＋一次誘発効果＋二次誘発効果
＋三次誘発効果＋…

　レオンチェフ逆行列は，投入係数を経由して誘発される間接効果が続いていき，その究極解までの総和（波及効果）を表すことがわかります．（図6-1を参照）

　ここで，レオンチェフ逆行列を B で表します．

$$B=(I-A)^{-1} \quad \Longrightarrow \quad X=BF$$

j 産業部門で1単位の最終需要が発生する場合（ΔF）の，各産業部門への波及効果（ΔX）は，レオンチェフ逆行列を使って求めると，次式になります．

$$\Delta X = B \cdot \Delta F = \begin{pmatrix} b_{11} & \cdots & b_{1j} & \cdots & b_{1n} \\ \vdots & & \vdots & & \vdots \\ b_{i1} & \cdots & b_{ij} & \cdots & b_{in} \\ \vdots & & \vdots & & \vdots \\ b_{n1} & \cdots & b_{nj} & \cdots & b_{nn} \end{pmatrix} \begin{pmatrix} 0 \\ \vdots \\ 1 \\ \vdots \\ 0 \end{pmatrix} = \begin{pmatrix} b_{1j} \\ \vdots \\ b_{ij} \\ \vdots \\ b_{nj} \end{pmatrix} \quad \cdots\cdots\cdots ⑧$$

　つまり，逆行列の j 列目になります．逆行列係数の各要素 b_{ij} は，j 部門に対する1単位の最終需要が，i 部門にどれだけの生産誘発効果を及ぼすかを示すものです．

　このように，逆行列係数とは，ある部門に対して新たな最終需要が1単位発生した場合に，当該部門の生産のために必要とされる財・サービスの需要を通して，各部門の生産がどれだけ発生するか，つまり，直接・間接の生産波及の大きさを示す係数です．逆行列係数を一度計算しておけば[4]，②式の連立方程式をその都度解くまでもなく，ある部門に対する最終需要を与えれば，その

▶3　⑥式証明のヒント：式の両辺に前から行列 $(I-A)$ を掛けてみよ．

▼4　昔は逆行列の計算は大変だったが，現在，エクセルなどでは簡単に計算できるようになった．これが産業連関分析を普及させた大きな要因といえる．

表6-8　逆行列係数表（数値例）

	A産業	B産業
A産業	1.250	0.417
B産業	0.625	1.875
列和	1.875	2.292

最終需要に対応する各部門の生産額がすぐわかる優れものです．

　前節の表6-2産業連関表（数値例）のレオンチェフ逆行列を求めると，表6-8のようになります．

　その際の「B産業に対し，新しく10の需要が発生した場合，各産業の生産がどれだけ増えるか」という問いに，2列目B産業の逆行列係数にそれぞれ10を掛ければその答えになることがわかります．

■影響力係数と感応度係数

　波及効果を表す逆行列係数の特徴を利用して，各産業部門の性格を分析する際に，影響力係数と感応度係数がよく使われます．

$$部門別影響力係数 = \frac{各部門の逆行列の列和}{逆行列の列和の平均} = \frac{\displaystyle\sum_{i=1}^{n} b_{ij}}{\displaystyle\frac{1}{n}\sum_{j=1}^{n}\sum_{i=1}^{n} b_{ij}}$$

$$部門別感応度係数 = \frac{各部門の逆行列の行和}{逆行列の行和の平均} = \frac{\displaystyle\sum_{j=1}^{n} b_{ij}}{\displaystyle\frac{1}{n}\sum_{i=1}^{n}\sum_{j=1}^{n} b_{ij}}$$

表6-9　影響力係数と感応度係数（数値例）

	影響力係数	感応度係数
A産業	0.90	0.80
B産業	1.10	1.20

　逆行列の列和は，当該産業に対して最終需要が1単位発生する時の，経済全体への波及効果を表します．影響力係数は各部門の逆行列の列和をその列和の平均で割り，列和を相対化したものです．したがって，この係数が1より大きい部門はその産業への最終需要が1単位増える時，経済全体への波及効果が産業の平均より大きいことを表し，その産業部門による経済への影響力が相対的に大きいといえます．

　一方，感応度係数は逆行列の行和を平均で相対化したものです．すべての産業部門に1単位ずつの最終需要が発生する場合に，各産業が受ける波及効果の大きさを表すのが逆行列の行和です．したがって，この係数が1より大きい部門は各産業から受ける波及効果が平均より大きいことを表し，他産業の好不況の影響を受けやすいという意味で，感応度が高いといえます▼5．

　表6-9は表6-8逆行列係数表（数値例）から算出される影響力係数と感応度係数を示しています．この数値例では，B産業は影響力が大きく，また感応度も高いことがわかります．

▼5　すべての産業部門に一律の最終需要を発生することは，実際上ありえないので，感応度係数は影響力係数ほど実態的意味を持たないとの指摘がある．また，最終需要の構成比をウェイトにする改善案もある．

4. 均衡価格モデル[6]

これまで産業連関表のヨコの需給バランスから，各産業の生産水準を決定する均衡産出高モデルを見てきましたが，もう一回表6-6（114頁）の産業連関表に戻り，今度はタテの列方向に注目しましょう．産業連関表を列方向から見ると，その産業の生産に必要な費用構成が示されます．各産業部門においては

中間投入＋付加価値＝生産額

という収支バランスが成り立ちます．

$$\left\{ \begin{array}{l} x_{11} + \cdots + x_{i1} + \cdots + x_{n1} + V_1 = X_1 \\ \ \vdots \qquad\quad \vdots \qquad\quad \vdots \quad\ \ \vdots \quad \vdots \\ x_{1j} + \cdots + x_{ij} + \cdots + x_{nj} + V_j = X_j \\ \ \vdots \qquad\quad \vdots \qquad\quad \vdots \quad\ \ \vdots \quad \vdots \\ x_{1n} + \cdots + x_{in} + \cdots + x_{nn} + V_n = X_n \end{array} \right. \qquad \cdots\cdots\cdots ⑨$$

各産業の生産価格は生産に投入される各生産要素とその生産要素の価格に依存します．これらの生産要素の価格になにかの都合で，変化があったとします．例えば，生産にかかる原材料などの中間投入ならば，世界市場価格によって石油価格が上昇したり，下落したり，あるいは，なにかの技術革新によりある商品の価格が急に安くなるなどです．また，付加価値の構成要素として，賃上げをする場合，あるいは消費税や事業税などの生産税が上がったりする場合などが挙げられます．

---

[6] 均衡価格モデルについては，「円価値単位」という考え方で解釈されることが多いが，本書ではもう一つの解釈方法で説明する．導かれる結論は同じである．

　生産要素の価格変動により，生産費用が変わり，その生産費用の変動を反映して各産業の生産価格も変わるとなれば，この生産価格の変化がさらにこれらの産業の生産物を原材料とする産業の価格変動を誘発するという，価格の連鎖作用（波及効果）が発生します．最終的に各産業の価格がどのぐらい変動するかを考えるのが，均衡価格モデルです．

■付加価値変動ケース

　まず，付加価値の構成要素になにか変動があった場合を考えましょう．

　我々が使っている産業連関表は当期価格表示の金額表です．金額＝価格×数量ですので，ここで，価格と数量を導入します．各産業の生産量を Q_j，産業間中間取引の数量を q_{ij} とします．変動前の付加価値を V_j^0 とし，この場合の各産業生産物の価格を P_j^0 とします．

　そうすると，$X_j = P_j^0 Q_j$，$x_{ij} = P_i^0 q_{ij}$ と表すことができます．⑦式は次のようになります．

$$
\begin{cases}
P_1^0 q_{11} + \cdots + P_i^0 q_{i1} + \cdots + P_n^0 q_{n1} + V_1^0 = P_1^0 Q_1 \\
\quad \vdots \qquad\quad\ \vdots \qquad\quad\ \vdots \qquad \vdots \qquad \vdots \\
P_1^0 q_{1j} + \cdots + P_i^0 q_{ij} + \cdots + P_n^0 q_{nj} + V_j^0 = P_j^0 Q_j \qquad \cdots\cdots\cdots\ ⑩ \\
\quad \vdots \qquad\quad\ \vdots \qquad\quad\ \vdots \qquad \vdots \qquad \vdots \\
P_1^0 q_{1n} + \cdots + P_i^0 q_{in} + \cdots + P_n^0 q_{nn} + V_n^0 = P_n^0 Q_n
\end{cases}
$$

　なにかの都合で付加価値が変動します．変動後の付加価値を V_j^t とし，この新しい付加価値に対応する各産業の均衡価格を P_j^t とします．

$$
\because V_j^0 \implies V_j^t \qquad \therefore P_j^0 \implies P_j^t
$$

付加価値の変動によって，生産費用が変わり，価格が変動します．変動後の各産業の収支バランスは次式で表されます．

$$\begin{cases} P_1^t q_{11} + \cdots + P_i^t q_{i1} + \cdots + P_n^t q_{n1} + V_1^t = P_1^t Q_1 \\ \quad \vdots \qquad\qquad \vdots \qquad\qquad \vdots \qquad \vdots \qquad \vdots \\ P_1^t q_{1j} + \cdots + P_i^t q_{ij} + \cdots + P_n^t q_{nj} + V_j^t = P_j^t Q_j \qquad \cdots\cdots\cdots ⑪ \\ \quad \vdots \qquad\qquad \vdots \qquad\qquad \vdots \qquad \vdots \qquad \vdots \\ P_1^t q_{1n} + \cdots + P_i^t q_{in} + \cdots + P_n^t q_{nn} + V_n^t = P_n^t Q_n \end{cases}$$

ここで，価格変動の前と後の比率 p_i を導入します．

$$\boxed{\ p_i = \frac{P_i^t}{P_i^0} \implies P_i^t = p_i \cdot P_i^0\ }$$

変動後の価格 P_i^t を価格変動比 p_i と変動前の価格 P_i^0 の積として表すことができます．上の⑪式を次のように書き換えることができます．

$$\begin{cases} p_1 P_1^0 q_{11} + \cdots + p_i P_i^0 q_{i1} + \cdots + p_n P_n^0 q_{n1} + V_1^t = p_1 P_1^0 Q_1 \\ \quad \vdots \qquad\qquad \vdots \qquad\qquad \vdots \qquad \vdots \qquad \vdots \\ p_1 P_1^0 q_{1j} + \cdots + p_i P_i^0 q_{ij} + \cdots + p_n P_n^0 q_{nj} + V_j^t = p_j P_j^0 Q_j \cdots\cdots\cdots ⑫ \\ \quad \vdots \qquad\qquad \vdots \qquad\qquad \vdots \qquad \vdots \qquad \vdots \\ p_1 P_1^0 q_{1n} + \cdots + p_i P_i^0 q_{in} + \cdots + p_n P_n^0 q_{nn} + V_n^t = p_n P_n^0 Q_n \end{cases}$$

変動前の価格 P_i^0 と数量との積は元の金額ですので

$$P_j^0 Q_j = X_j, \qquad P_i^0 q_{ij} = x_{ij}$$

⑫式は次のように書き換えることができます．

$$\begin{cases} p_1 x_{11} + \cdots + p_i x_{i1} + \cdots + p_n x_{n1} + V_1^t = p_1 X_1 \\ \quad \vdots \qquad \vdots \qquad \vdots \qquad \vdots \qquad \vdots \\ p_1 x_{1j} + \cdots + p_i x_{ij} + \cdots + p_n x_{nj} + V_j^t = p_j X_j \qquad \cdots\cdots\cdots ⑬ \\ \quad \vdots \qquad \vdots \qquad \vdots \qquad \vdots \qquad \vdots \\ p_1 x_{1n} + \cdots + p_i x_{in} + \cdots + p_n x_{nn} + V_n^t = p_n X_n \end{cases}$$

この⑬式の両辺を X_j で割れば，次の1次連立方程式が得られます．

$$\begin{cases} p_1 a_{11} + \cdots + p_i a_{i1} + \cdots + p_n a_{n1} + v'_1 = p_1 \\ \quad\vdots \qquad\qquad \vdots \qquad\qquad \vdots \quad \vdots \\ p_1 a_{1j} + \cdots + p_i a_{ij} + \cdots + p_n a_{nj} + v'_j = p_j \qquad \cdots\cdots\cdots ⑭ \\ \quad\vdots \qquad\qquad \vdots \qquad\qquad \vdots \quad \vdots \\ p_1 a_{1n} + \cdots + p_i a_{in} + \cdots + p_n a_{nn} + v'_n = p_n \end{cases}$$

ここの v'_j は変動後の付加価値 V'_j を各産業の生産額 X_j で割った付加価値率です．

$$v'_j = \frac{V'_j}{X_i}$$

変動後の付加価値率 v'_j を**外生変数**として与えれば，各産業の価格変動前と変動後の価格そのものがわからなくても，各産業の価格変動比 p_i を**内生変数**として，この連立方程式から求めることができます．

⑭式を行列表示すると，次のようになります．

$$\begin{pmatrix} a_{11} & \cdots & a_{i1} & \cdots & a_{n1} \\ \vdots & & \vdots & & \vdots \\ a_{1j} & \cdots & a_{ij} & \cdots & a_{nj} \\ \vdots & & \vdots & & \vdots \\ a_{1n} & \cdots & a_{in} & \cdots & a_{nn} \end{pmatrix} \begin{pmatrix} p_1 \\ \vdots \\ p_i \\ \vdots \\ p_n \end{pmatrix} + \begin{pmatrix} v'_1 \\ \vdots \\ v'_j \\ \vdots \\ v'_n \end{pmatrix} = \begin{pmatrix} p_1 \\ \vdots \\ p_j \\ \vdots \\ p_n \end{pmatrix} \qquad \cdots\cdots\cdots ⑭'$$

115頁に示す均衡産出高モデルの④'式の形に似てきました．一番前の投入係数の行列は，均衡産出高モデルに使ったものと少し違うことに気づいたでしょうか．これは投入係数行列の転置行列になっています．価格変動比の列ベクトル p，各産業の変動後の付加価値率の列ベクトル v' を

$$A' = \begin{pmatrix} a_{11} & \cdots & a_{i1} & \cdots & a_{n1} \\ \vdots & & \vdots & & \vdots \\ a_{1j} & \cdots & a_{ij} & \cdots & a_{nj} \\ \vdots & & \vdots & & \vdots \\ a_{1n} & \cdots & a_{in} & \cdots & a_{nn} \end{pmatrix} \quad p = \begin{pmatrix} p_1 \\ \vdots \\ p_i \\ \vdots \\ p_n \end{pmatrix} \quad v^t = \begin{pmatrix} v^t_1 \\ \vdots \\ v^t_j \\ \vdots \\ v^t_n \end{pmatrix}$$

とすると，上式は

$$A'p + v^t = p \qquad \cdots\cdots\cdots ⑭''$$

となります．これを p について解くと，次の均衡価格モデルが得られます．

$$p - A'p = v^t$$

$$(I - A')p = v^t$$

$$\therefore \quad p = (I - A')^{-1} v^t = [(I - A)^{-1}]' v^t = B' v^t \qquad \cdots\cdots\cdots ⑮$$

つまり，均衡産出高モデルから導いたレオンチェフ逆行列 $B = (I - A)^{-1}$ を転置すれば，この均衡価格モデルにも使えます．

表6-2の産業連関表の数値例を使って，練習しましょう．

今，B産業の付加価値は80ですが，なにかの都合で100になったとします．

$$\therefore \quad \text{付加価値} \quad V^0 = \begin{pmatrix} 60 \\ 80 \end{pmatrix} \quad \Longrightarrow \quad V^t = \begin{pmatrix} 60 \\ 100 \end{pmatrix}$$

$$\therefore \quad \text{付加価値率} \quad v^0 = \begin{pmatrix} 0.6 \\ 0.4 \end{pmatrix} \quad \Longrightarrow \quad v^t = \begin{pmatrix} 0.6 \\ 0.5 \end{pmatrix}$$

$$\begin{pmatrix} p_1 \\ p_2 \end{pmatrix} = \begin{pmatrix} b_{11} & b_{21} \\ b_{12} & b_{22} \end{pmatrix} \begin{pmatrix} v^t_1 \\ v^t_2 \end{pmatrix} = \begin{pmatrix} 1.250 & 0.625 \\ 0.417 & 1.875 \end{pmatrix} \begin{pmatrix} 0.6 \\ 0.5 \end{pmatrix} = \begin{pmatrix} 1.063 \\ 1.188 \end{pmatrix}$$

したがって，A産業が6.3%，B産業が18.8%の物価上昇になります．

もし，⑮式の外生変数が付加価値率の変動 Δv^t_j で与えられれば，

求められる均衡解は価格の上昇率Δp_j^tとなります.

$$\Delta p = (I - A')^{-1} \Delta v^t = [(I - A)^{-1}]' \Delta v^t = B' \Delta v^t \qquad \cdots\cdots\cdots ⑯$$

ここで，$\Delta v_j^t = \dfrac{V_j^t - V_j^0}{X_j}$　　$\Delta p_j^t = \dfrac{P_j^t - P_j^0}{P_j^0}$

116頁の⑥式を⑯式に代入すれば，次式になります.

$$\Delta p = (I - A')^{-1} \Delta v^t = \Delta v^t + A' \Delta v^t + (A^2)' \Delta v^t + (A^3)' \Delta v^t + \cdots \qquad ⑰$$

ここから，最初の付加価値率の変動が，生産の波及効果と同様に，投入係数を経由して次から次へと誘発していき，最終的に均衡状態の価格にたどりつくという価格の波及効果プロセスが読み取れます.

また，⑭式の行列表示を次のように書くこともできます.

$$p'A + (v^t)' = p'$$
$$\therefore \quad p' = (v^t)'(I - A)^{-1} = (v^t)'B \qquad \cdots\cdots\cdots ⑮'$$

■原材料価格変動ケース

内生部門（中間投入）のうち，ある商品（財・サービス）の価格変動があれば，各産業の価格に対する波及効果も発生することがあります. 例えば，原油価格の波及効果が典型的な例です. 石油価格は世界市場によって決定されますが，戦争などの世界情勢の変化により，これまで何度も急上昇したことがあります. 石油価格が上昇すれば，石油を使う産業の生産費用が上がり，その費用が価格に反映されれば，この価格の連鎖作用がさらに広がっていきます.

この場合，石油部門を内生部門から外生部門に移して，上の付加価値変動のケースとほとんど同じプロセスで均衡価格モデルを

導くことができます.

石油部門を第 n 部門とし,石油価格の変動比を β とすれば,付加価値変動ケースの収支バランス式の⑭式を書き換えて,石油価格変動ケースの収支バランス式を次のように書けます.

$$
\begin{cases}
p_1 a_{11} & + \cdots + p_i a_{i1} & + \cdots + p_{n-1} a_{n-1,1} & + \beta a_{n1} & + v_1 & = p_1 \\
\vdots & & \vdots & & \vdots & \vdots & \vdots & \vdots \\
p_1 a_{1j} & + \cdots + p_i a_{ij} & + \cdots + p_{n-1} a_{n-1,j} & + \beta a_{nj} & + v_j & = p_j \\
\vdots & & \vdots & & \vdots & \vdots & \vdots & \vdots \\
p_1 a_{1,n-1} & + \cdots + p_i a_{i,n-1} & + \cdots + p_{n-1} a_{n-1,n-1} & + \beta a_{n,n-1} & + v_{n-1} & = p_{n-1}
\end{cases}
$$

$$\cdots\cdots\cdots ⑱$$

⑱式を行列表示すると,次のようになります.

$$
\begin{pmatrix}
a_{11} & \cdots & a_{i1} & \cdots & a_{n-1,1} \\
\vdots & & \vdots & & \vdots \\
a_{1j} & \cdots & a_{ij} & \cdots & a_{n-1,j} \\
\vdots & & \vdots & & \vdots \\
a_{1,n-1} & \cdots & a_{i,n-1} & \cdots & a_{n-1,n-1}
\end{pmatrix}
\begin{pmatrix}
p_1 \\ \vdots \\ p_i \\ \vdots \\ p_{n-1}
\end{pmatrix}
+ \beta
\begin{pmatrix}
a_{n1} \\ \vdots \\ a_{nj} \\ \vdots \\ a_{n,n-1}
\end{pmatrix}
+
\begin{pmatrix}
v_1 \\ \vdots \\ v_j \\ \vdots \\ v_{n-1}
\end{pmatrix}
=
\begin{pmatrix}
p_1 \\ \vdots \\ p_j \\ \vdots \\ p_{n-1}
\end{pmatrix}
$$

$$\cdots\cdots\cdots ⑱'$$

石油部門を除く $n-1$ 部門の投入係数（$n-1$ 次正方行列）を C とし,各産業部門の石油部門からの投入係数の列ベクトル s,石油部門を除く各産業部門の付加価値率の列ベクトル v,石油価格が β 倍になる場合の他の産業部門の価格変動比の列ベクトル p を

$$
C' =
\begin{pmatrix}
a_{11} & \cdots & a_{i1} & \cdots & a_{n-1,1} \\
\vdots & & \vdots & & \vdots \\
a_{1j} & \cdots & a_{ij} & \cdots & a_{n-1,j} \\
\vdots & & \vdots & & \vdots \\
a_{1,n-1} & \cdots & a_{i,n-1} & \cdots & a_{n-1,n-1}
\end{pmatrix}
\quad
s =
\begin{pmatrix}
a_{n1} \\ \vdots \\ a_{nj} \\ \vdots \\ a_{n,n-1}
\end{pmatrix}
\quad
v =
\begin{pmatrix}
v_1 \\ \vdots \\ v_j \\ \vdots \\ v_{n-1}
\end{pmatrix}
\quad
p =
\begin{pmatrix}
p_1 \\ \vdots \\ p_j \\ \vdots \\ p_{n-1}
\end{pmatrix}
$$

とすると，上式は

$$C'p + \beta s + v = p \qquad \cdots\cdots\cdots ⑱"$$

となります．これを p について解くと，次の石油価格変動ケースの均衡価格モデルが得られます．

$$p - C'p = \beta s + v$$

$$(I - C')p = \beta s + v$$

$$\therefore \quad p = (I - C')^{-1}(\beta s + v) \qquad \cdots\cdots\cdots ⑲$$

$$または \quad p' = (\beta s' + v')(I - C)^{-1} \qquad \cdots\cdots\cdots ⑲'$$

■均衡価格モデルの意味と限界

　均衡価格モデルは，⑩式を⑪式または⑫式と比較すればわかるように，数量ベースの変化がないことを前提にしながら，また，⑰式で示されるように，付加価値率の変化，すなわち生産費用の増減が投入係数を経由してそのまま製品価格に反映される（転嫁される）ことによって生ずる価格波及を示すものです．

　このように計算される価格変動の分析は，現実の価格変動を表すものではないことがわかります．

　価格決定メカニズムとして，大きくコスト要素と需給要素の2つがあります．特に短・中期的には価格が市場の需要と供給との関係で決定される側面が大きいといえます．均衡価格モデルの分析は後者の要素がまったく考慮されていません．

　また，前者の生産コストの価格転嫁についても，現実には産業間取引の過程でさまざまなクッションが存在します．市場や取引先との関係を考慮し，値上げの一部あるいは全部を見送ることもあります．特に公共料金などのような政策価格については，費用の増大をすぐに価格に転嫁することができない場合もあります．

　したがって，均衡価格モデルによって算出される価格変動は，現実の価格変動そのものではなく，価格変動のひとつのモノサシとして利用することができます．供給が緊迫している状況では，例えば，1970年代初期に発生したオイルショックの時には，物価は計算される均衡価格以上に上昇しました．この場合，便乗値上げなどの分析に使用できます．一方，2000年以降の経済では，需要が低迷するなか，生産コストが上がっても製品価格に反映できない状況が続きました．この場合，計算される均衡価格と現実価格との差を，企業利益への圧迫や労働分配率の低下などの要因分析に利用できます．

　産業連関表の列方向の情報は均衡価格モデルだけでなく，費用構造や生産性などの分析にもよく利用されています（例えば，コラム⑱を参照）．

　産業連関分析はこのように双対的に構成される，行の需給バランスからの均衡産出高モデルと，列の収支バランスからの均衡価格モデルという2つに大きく分類することができます．均衡価格モデルには上述したように多くの制約があることから，産業連関分析は均衡産出高モデルを中心に展開されることが多いといえます．次章では，開放経済の元で均衡産出高モデルの展開を行います（開放経済の場合の均衡価格モデルについては，コラム⑳を参照）．

コラム⑯　レオンチェフ・パラドックス

　ヘクシャー・オリーンの国際分業パターンの形成に関する定理によれば，各国の輸出と輸入の構造を決定するのは，各国に存在する資本や労働などの生産要素の賦存比率です．つまり，労働豊富国が労働集約財を輸出，資本集約財を輸入し，資本豊富国が資本集約財を輸出し，労働集約財を輸入することになります．このため，戦後世界で最も豊富な資本に恵まれる（資本比較優位の）アメリカは資本集約的な産業の製品を輸出し，引換えに相対的にコストの高い労働集約的な産業の製品を輸入するはずだと考えられていました．

　しかし，W.W. レオンチェフ「国内生産と外国貿易：アメリカのキャピタル・ポジションの再検討」（1953）は 1947 年アメリカ産業連関表を使用して，輸出製品と輸入製品それぞれ百万ドル当たりの生産に投入される資本量と労働量を算出して比較したところ，上の理論と逆に，アメリカの輸入製品は輸出製品より 30％ほど資本集約的でした．

　この要素比率理論との逆説は発見した W.W. レオンチェフの名前をとって，レオンチェフ・パラドックスと呼ばれます．

　レオンチェフ・パラドックスの実証例は，実証的な裏付けをもって，経済理論や現実問題へ貢献する産業連関分析の特徴をよく表しているといえます．

参考文献

W.W. レオンチェフ著・新飯田宏訳『産業連関分析』岩波書店　1969
　年所収

コラム⑰　生産者価格評価表と購入者価格評価表

　産業連関表には「生産者価格評価表」と「購入者価格評価表」があります．諸外国では「生産者価格評価表」のみの作成が多いですが，日本ではその両方が作成されています．生産者価格とは工場出荷価格で，その流通過程に発生する貨物運賃や商業マージンが含まれません．一方，購入者価格とは購入者が支払った価格で，流通マージンが含まれています．

　次頁に示す表1生産者価格評価表の数値例では，各生産物の流通過程に発生する貨物運賃や商業マージンをカッコ内に示しています．表をタテから読むと，各産業の生産に必要な中間投入が生産者価格で計上されているので，これら中間投入財にかかる流通マージンが「商業・運輸」部門からの中間投入として計上されます．

　表2購入者価格評価表の数値例では，まず，ヨコから見ると，各産業の生産物は全て購入者価格で需要されるように計上され，各産業の生産額も流通マージンを含めた金額となります．タテから見ると，各産業と「商業・運輸」部門との交点では，購入者価格表示の生産額と生産者価格表示の生産額の差額，つまり，その産業の生産物にかかった流通マージンの合計が計上されています．言い換えれば，購入者価格表示の生産額としての，「商業・運輸」部門からの中間投入です．

　経済波及効果分析は基本的に生産者価格評価表を使用します．2種類の生産額の表示が誤解を招く恐れがあり，日本の実際の購入者価格評価表は表3のような形で表章されています．購入者価格評価表ですが，生産額の項目は生産者価格評価にしており，購入者価格評価の各需要項目の最後に流通マージンを一括控除する形を採っています．

表1　生産者価格評価表（数値例）

		中間需要			最終需要	生産額
		A 産業	B 産業	商業・運輸		
中間投入	A 産業	10(2)	30(5)	10(2)	50(11)	100(20)
	B 産業	24(4)	50(10)	11(2)	65(14)	150(30)
	商業・運輸	6	15	4	25	50
付加価値		60	55	25		
生産額		100	150	50		

表2　購入者価格評価表（数値例）

		中間需要			最終需要	生産額
		A 産業	B 産業	商業・運輸		
中間投入	A 産業	12	35	12	61	120
	B 産業	28	60	13	79	180
	商業・運輸	20	30	0	0	50
付加価値		60	55	25		
生産額		120	180	50		

表3　実際の購入者価格評価表の形式（数値例）

		中間需要			最終需要	（控除）商業マージン・運賃	生産額
		A 産業	B 産業	商業・運輸			
中間投入	A 産業	12	35	12	61	− 20	100
	B 産業	28	60	13	79	− 30	150
	商業・運輸	−	−	−	−	50	50
付加価値		60	55	25			
生産額		100	150	50			

コラム⑱　全労働生産性（TLP）

　生産性の計測については，労働生産性などの単要素生産性と，複数の（産業連関分析の場合では，例えば，中間投入，労働と固定資本といった）生産要素を考慮して総合的生産性を計測する全要素生産性（TFP：Total Factor Productivity）があります．TFP計測のひとつの方法として，各生産要素間の相対価格の相違を捨象し，労働の投下量という単位に統一して各生産要素を総合的に計測する全労働生産性（TLP：Total Labor Productivity）があります．

　TLPは次式に示すように，生産における直接労働に，原材料や固定設備（減耗分）を生産するのに必要な労働（間接労働）を足したものを全労働量とし，この全労働量に対する産出量の比率で生産性を計測します．

　全労働量＝直接労働＋原材料投下労働＋固定資本減耗投下労働
　全労働生産性＝産出量／全労働量
　　　　　　　＝1／産出物単位当たり全労働量

　輸入・輸出を考慮しない場合では，産出物単位当たり全労働量は次の連立一次方程式を解くことによって求められます．

　$t = t(A+D) + l$

　t：生産物別単位当たり全労働量を示す行ベクトル
　A：中間投入係数行列
　D：固定設備減耗係数行列
　l：生産物別単位当たり直接労働量を示す行ベクトル
　上の式を t について解くと，次のようになります．
　$t = l[I-(A+D)]^{-1}$

参考文献

＊泉弘志・李潔「全要素生産性と全労働生産性それらの共通点と相違点の比較考察及び日本 1960-2000 に関する試算」『統計学』第 89 号　2005 年
＊泉弘志『投下労働量計算と基本経済指標』大月書店　2014 年
＊泉弘志・戴艶娟・李潔「国際産業連関表による産業別生産性水準の国際比較」『統計学』第 116 号　2019 年

第 7 章

経済波及効果分析
― 開放経済の場合 ―

　第6章では，貿易のことを考慮しないで，産業連関分析の基本的な考え方について話を進めてきました．輸出，輸入を含めると，需要側として，最終需要には，消費や投資といった国内最終需要のほかに，海外からの需要である輸出が新たに加わります．供給側では，国内で生産される財・サービスに，海外から輸入される財・サービスが加わります．本章では，開放経済を対象に経済波及効果分析を展開していきます．

　産業連関表では，輸入の取り扱いによって競争輸入方式と非競争輸入方式に大きく分けられます．それぞれの産業連関表による分析モデルも若干異なります．また，公共事業やイベントなどの新規需要による経済波及効果分析では，従来の原材料などを経由して発生するレオンチェフ的な生産波及効果だけではなく，生産の拡大により，所得が増え，それによる消費の増加がもたらす波及効果を分析する事例も増えています．こうした分析方法も考えていきます．

1. 非競争輸入型産業連関表と分析モデル

同じ産業部門の財・サービスを国産品と輸入品を区別して別々に記録することを非競争輸入方式といいます．表7-1は2つの産業部門からなる非競争輸入型産業連関表の数値例です．

非競争輸入型産業連関表をヨコから読むと，国産品と輸入品のそれぞれの需要構造が示され，各行が需給バランスとなります．

国産品の需給バランス

国産品に対する中間需要＋国産品に対する最終需要

＝国内生産額

輸入品の需給バランス

輸入品に対する中間需要＋輸入品に対する最終需要＝輸入

また，同表をタテから読むと，各産業の生産活動に原材料として，国産品と輸入品をそれぞれどのぐらい使い，さらに付加価値がどのように形成されるかという生産の費用構成が示され，各列

表 7-1　非競争輸入型産業連関表（数値例）

			中間需要		最終需要			(控除) 輸入	国内 生産額
投入 ＼ 産出			A 産業	B 産業	最終 消費	総資本 形成	輸出		
中間投入	国産	A 産業	6	36	22	6	10	−	80
		B 産業	20	72	44	40	64	−	240
	輸入	A 産業	2	12	13	3	0	− 30	−
		B 産業	4	24	11	5	0	− 44	−
付加価値			48	96					
国内生産額			80	240					

が次の収支バランスとなります.

列の収支バランス

国産品の中間投入＋輸入品の中間投入＋付加価値＝国内生産額

　非競争輸入型産業連関モデルを考えるために，表7-2に示すように，記号を導入しましょう．第6章で閉鎖経済を対象に使った表6-6（114頁）に記号を追加します．各産業の生産額をそのまま X，付加価値もそのまま V，国産品に対する最終需要を新たに F^d，輸入品に対する最終需要を F^m，国産品の中間財を x^d，輸

表7-2　非競争輸入型産業連関表（記号の定義）

			中間需要			最終需要	輸入	国内生産額
			部門1	…	部門 n			
中間投入	国産	部門1	x_{11}^d	…	x_{1n}^d	F_1^d	−	X_1
		⋮	⋮	x_{ij}^d	⋮	⋮	⋮	⋮
		部門 n	x_{n1}^d	…	x_{nn}^d	F_n^d	−	X_n
	輸入	部門1	x_{11}^m	…	x_{1n}^m	F_1^m	M_1	−
		⋮	⋮	x_{ij}^m	⋮	⋮	⋮	⋮
		部門 n	x_{n1}^m	…	x_{nn}^m	F_n^m	M_n	−
付加価値			V_1	…	V_n			
国内生産額			X_1	…	X_n			

注：変数の単位は金額である．下付きの添え字 $i, j(=1\cdots n)$ は任意の産業部門を表す．$X_1\cdots X_n$ は各産業の国内生産額，x_{ij}^d は第 i 産業国産品に対する第 j 産業からの中間需要，及び第 j 産業が第 i 産業国産品からの中間投入を表す．x_{ij}^m は輸入品に対する中間需要と輸入品からの中間投入を表す．F_i^d は第 i 産業の国産品，F_i^m は第 i 産業の輸入品に対する最終需要，V_j は第 j 産業の付加価値を表す．

入品の中間財を x^m と記し,これらの変数に1から n 個の産業部門を下付きの添字で表記します.

表が大きくなるため,第6章より省略した表記とします.

非競争輸入型産業連関表の投入係数は国産品の投入係数 a_{ij}^d と輸入品の投入係数 a_{ij}^m の2部分となり,それぞれ1単位の生産を行うために必要とされる国産品の原材料と輸入品の原材料の大きさを示し,中間需要の列部門 j ごとに,国産品の中間投入 x_{ij}^d と輸入品の中間投入 x_{ij}^m を当該列部門の生産額 X_j で除することによって得られます.

$$a_{ij}^d = \frac{x_{ij}^d}{X_j} \quad \Longrightarrow \quad x_{ij}^d = a_{ij}^d \cdot X_j$$

$$a_{ij}^m = \frac{x_{ij}^m}{X_j} \quad \Longrightarrow \quad x_{ij}^m = a_{ij}^m \cdot X_j$$

この投入係数の定義から,中間需要とされる国産品と輸入品はそれぞれの投入係数と生産額の積として表現することができます.上の国産品の需給バランスから次の連立方程式が得られます.

$$\begin{cases} a_{11}^d X_1 + \cdots + a_{1n}^d X_n + F_1^d = X_1 \\ \quad\vdots \qquad\qquad \vdots \quad\ \vdots \quad\ \vdots \\ a_{n1}^d X_1 + \cdots + a_{nn}^d X_n + F_n^d = X_n \end{cases} \qquad \cdots\cdots\cdots ①$$

また,①式を行列表示すると,次式になります.

$$\begin{pmatrix} a_{11}^d & \cdots & a_{1n}^d \\ \vdots & & \vdots \\ a_{n1}^d & \cdots & a_{nn}^d \end{pmatrix} \begin{pmatrix} X_1 \\ \vdots \\ X_n \end{pmatrix} + \begin{pmatrix} F_1^d \\ \vdots \\ F_n^d \end{pmatrix} = \begin{pmatrix} X_1 \\ \vdots \\ X_n \end{pmatrix} \qquad \cdots\cdots\cdots ①'$$

ここで,国産品投入係数の行列 A^d,国内生産額の列ベクトル X,国産品に対する最終需要の列ベクトル F^d とすると,

$$A^d = \begin{pmatrix} a_{11}^d & \cdots & a_{1n}^d \\ \vdots & & \vdots \\ a_{n1}^d & \cdots & a_{nn}^d \end{pmatrix} \quad X = \begin{pmatrix} X_1 \\ \vdots \\ X_n \end{pmatrix} \quad F^d = \begin{pmatrix} F_1^d \\ \vdots \\ F_n^d \end{pmatrix}$$

上の式は次のように表現できます.

　　国産品の需給バランス：$A^d X + F^d = X$　　　　　　………①"

これを X について解くと，次の均衡産出高モデルを得ます.

　　$X - A^d X = F^d$

　　$(I - A^d) X = F^d$

　　$\therefore\quad X = (I - A^d)^{-1} F^d$　　　　　　　　　　………②

　第6章の閉鎖経済における均衡産出高モデルと形が非常に似ています. このモデルの**外生変数** F^d は国産品に対する最終需要です. 消費や投資需要が発生しても，輸入品に対するものであれば F^m になり，国内生産額にはなにも影響しないことがわかります. また，$(I - A^d)^{-1}$ 逆行列は第6章に述べた経済波及効果を表しますが，ここの A^d は中間投入に使われる国産品だけについてのものですので，その波及効果も国内への生産波及だけとなります.

　非競争輸入型産業連関表は，国産品と輸入品のそれぞれの需給構造を示す財・サービスのフローに関する最も詳細な統計表です. 作表に必要な情報量が多く，作成が非常に難しいです. 日本は対外依存度が高く，貿易構造を分析するニーズが高いことから，また，基礎統計が充実しているので，作成されていますが，世界中で，非競争輸入型産業連関表を作成する国はほんの少数です.

　作表対象年次の経済構造や貿易構造の分析には非競争輸入型産業連関表が非常に有効ですが，経済予測や公共事業，イベントなどの経済波及効果分析では，このモデルはほとんど利用されま

せん．各産業部門の中間投入に使われる国産品と輸入品の割合は必ずしも安定的ではなく，したがって国産品の投入係数 A^d は安定的な係数とはいえないためです．

2. 競争輸入型産業連関表と分析モデル

同じ産業部門の財・サービスに対する需要を輸入品と国産品に区別しないで一括して各需要部門に計上することを競争輸入方式といいます．第6章の冒頭に示している表6-1日本2015年産業連関表は競争輸入方式のものです．

表7-3は2つの産業部門からなる競争輸入型産業連関表の数値例を示します．

輸出入を含む需要と供給の関係をもう一回整理しましょう．

総需要＝中間需要＋国内最終需要＋輸出

総供給＝国内生産額＋輸入

需給バランス

中間需要＋国内最終需要＋輸出＝国内生産額＋輸入

右辺の輸入を左辺に移項すると，競争輸入型産業連関表の行の

表7-3　競争輸入型産業連関表（数値例）

投入＼産出		中間需要		最終需要			（控除）輸入	国内生産額
		A産業	B産業	最終消費	総資本形成	輸出		
中間投入	A産業	8	48	35	9	10	−30	80
	B産業	24	96	55	45	64	−44	240
付加価値		48	96					
国内生産額		80	240					

バランスが得られます.

行の国内需給バランス

中間需要＋国内最終需要＋輸出－輸入＝国内生産額

列方向では，中間投入に国産品と輸入品の両方が含まれていますので，形式的には閉鎖経済と同じになります.

列の収支バランス

中間投入＋付加価値＝国内生産額

表7-4のように競争輸入型産業連関モデルのための記号を加えましょう. 新たに国産品と輸入品の両方が含まれる中間財を x, （消費と投資という）国内最終需要項目をまとめて Y, 輸出を E, 輸入を先と同様 M と記します.

閉鎖経済の場合と同様，投入係数は各列部門の中間投入（ただし，ここの中間投入には国産品だけでなくその生産にかかる輸入

表7-4 競争輸入型産業連関表（記号の定義）

投入＼産出		中間需要			国内最終需要	輸出	（控除）輸入	国内生産額
		部門1	…	部門 n				
中間投入	部門1	x_{11}	…	x_{1n}	Y_1	E_1	$-M_1$	X_1
	⋮	⋮	x_{ij}	⋮	⋮	⋮	⋮	⋮
	部門 n	x_{n1}	…	x_{nn}	Y_n	E_n	$-M_n$	X_n
付加価値		V_1	…	V_n				
国内生産額		X_1	…	X_n				

注：変数の単位は金額である. 下付きの添え字 i, $j (= 1 \cdots n)$ は任意の産業部門を表す. $X_1 \cdots X_n$ は各産業の国内生産額，x_{ij} は各産業の国産品と輸入品の両方を含めた中間需要（行）と中間投入（列）を表し，$Y_1 \cdots Y_n$ は各産業の国産品と輸入品に対する国内最終需要，$E_1 \cdots E_n$ は各産業の輸出，$M_1 \cdots M_n$ は各産業の輸入，$V_1 \cdots V_n$ は各産業の付加価値を表す.

品も含まれる）をその国内生産額で除して求めます．

$$a_{ij} = \frac{x_{ij}}{X_j} \implies x_{ij} = a_{ij} \cdot X_j$$

投入係数を使って産業間の中間取引を表すと，上の国内需給バランスから次の連立方程式が得られます．

$$\begin{cases} a_{11}X_1 + \cdots + a_{1n}X_n + Y_1 + E_1 - M_1 = X_1 \\ \quad\vdots \qquad\qquad \vdots \quad\;\; \vdots \quad\;\; \vdots \quad\;\; \vdots \quad\;\; \vdots \\ a_{n1}X_1 + \cdots + a_{nn}X_n + Y_n + E_n - M_n = X_n \end{cases} \qquad \cdots\cdots\cdots ③$$

また，③式を行列表示すると，次式になります

$$\begin{pmatrix} a_{11} & \cdots & a_{1n} \\ \vdots & & \vdots \\ a_{n1} & \cdots & a_{nn} \end{pmatrix} \cdot \begin{pmatrix} X_1 \\ \vdots \\ X_n \end{pmatrix} + \begin{pmatrix} Y_1 \\ \vdots \\ Y_n \end{pmatrix} + \begin{pmatrix} E_1 \\ \vdots \\ E_n \end{pmatrix} - \begin{pmatrix} M_1 \\ \vdots \\ M_n \end{pmatrix} = \begin{pmatrix} X_1 \\ \vdots \\ X_n \end{pmatrix} \cdots\cdots\cdots ③'$$

ここで，投入係数の行列 A，国内生産額の列ベクトル X，国内最終需要の列ベクトル Y，輸出の列ベクトル E，輸入の列ベクトル M とすると，

$$A = \begin{pmatrix} a_{11} & \cdots & a_{1n} \\ \vdots & & \vdots \\ a_{n1} & \cdots & a_{nn} \end{pmatrix}, \quad X = \begin{pmatrix} X_1 \\ \vdots \\ X_n \end{pmatrix}, \quad Y = \begin{pmatrix} Y_1 \\ \vdots \\ Y_n \end{pmatrix}, \quad E = \begin{pmatrix} E_1 \\ \vdots \\ E_n \end{pmatrix}, \quad M = \begin{pmatrix} M_1 \\ \vdots \\ M_n \end{pmatrix}$$

国内需給バランス式は次のように表現できます．

バランス式：$AX + Y + E - M = X$ $\qquad\qquad \cdots\cdots\cdots ③''$

■輸入外生型モデル

バランス式から，これを X について解くと，次の均衡産出高モデルを得ます．

$$X - AX = Y + E - M$$

$$(I - A)X = Y + E - M$$

$$\therefore \quad X = (I-A)^{-1}(Y+E-M) \qquad \cdots\cdots\cdots ④$$

　このモデルの $(I-A)^{-1}$ 逆行列は前章に述べた経済波及効果を表しますが，ここの A は中間投入に使われる輸入品が含まれていますので，その波及効果は国内への生産波及だけではなく，輸入品を通して海外への波及も含まれることになります．

　また，最終需要（国内最終需要 Y と輸出 E）とともに輸入 M についても，外生的に決定されるもの（**外生変数**）となっていますので，輸入外生型モデルと呼ばれます．しかし，輸入は特別な場合を除き，国内の生産や消費活動によって誘発される性格のもので，内生的に決定されるものと考えるのが普通です．そのため，生産の波及効果分析ではこのモデルはそれほど利用されません．

■輸入内生型モデル

　輸入を外生変数から外して内生化するモデルを考えましょう．ここで，輸入 M を国内需要（中間需要 AX＋国内最終需要 Y）に依存して決まると仮定します．この国内需要に占める輸入の割合を輸入係数 m といいます．

$$輸入係数 = \frac{輸入}{国内需要} = \frac{輸入}{中間需要 + 国内最終需要}$$

　表7-3競争輸入型産業連関表（数値例）から算出される輸入係数は次のようになります．

$$\begin{pmatrix} m_1 \\ m_2 \end{pmatrix} = \begin{pmatrix} \dfrac{30}{8+48+35+9} \\ \dfrac{44}{24+96+55+45} \end{pmatrix} = \begin{pmatrix} 0.3 \\ 0.2 \end{pmatrix}$$

第 i 行部門の輸入係数 m_i は次式となります．

$$m_i = \frac{M_i}{a_{i1}X_1 + \cdots + a_{in}X_n + Y_i} \qquad \cdots\cdots \text{⑤}$$

$$\Downarrow$$

$$M_i = m_i(a_{i1}X_1 + \cdots + a_{in}X_n + Y_i)$$

輸入係数の定義から，輸入を輸入係数と国内需要の積として書き換えることができます．各部門の輸入を行列表記すると，次式となります．

$$\begin{pmatrix} M_1 \\ \vdots \\ M_n \end{pmatrix} = \begin{pmatrix} m_1 & & 0 \\ & \ddots & \\ 0 & & m_n \end{pmatrix} \cdot \left[\begin{pmatrix} a_{11} & \cdots & a_{1n} \\ \vdots & & \vdots \\ a_{n1} & \cdots & a_{nn} \end{pmatrix} \cdot \begin{pmatrix} X_1 \\ \vdots \\ X_n \end{pmatrix} + \begin{pmatrix} Y_1 \\ \vdots \\ Y_n \end{pmatrix} \right] \cdots\cdots \text{⑥}$$

ここで，輸入係数 m_i を対角要素とし，非対角要素を 0 とする対角行列を $\hat{M}$，すなわち

$$\hat{M} = \begin{pmatrix} m_1 & & 0 \\ & \ddots & \\ 0 & & m_n \end{pmatrix}$$

とすれば，⑥式は，次に書き換えられます．

$$M = \hat{M}(AX + Y) \qquad \cdots\cdots \text{⑥}'$$

これを 140 頁のバランス式③”に代入すると，次式になり，

$$AX + Y + E - \hat{M}(AX + Y) = X$$

整理すると，次の輸入内生型の需給バランス式が得られます．

$$(I - \hat{M})AX + (I - \hat{M})Y + E = X \qquad \cdots\cdots \text{⑦}$$

国産品中間需要＋国産品国内最終需要＋輸出＝国内生産額

これを X について整理すると，次の輸入内生型均衡産出高モデルが得られます．

$$X = [I - (I - \hat{M})A]^{-1}[(I - \hat{M})Y + E] \qquad \cdots\cdots \text{⑧}$$

このモデルの外生変数には，輸入 M がなくなり，国内最終需要 Y 及び輸出 E だけが残ります．生産額 X が国内最終需要 Y 及び輸出 E によって決定されるモデルです．

ここで，$(I-\hat{M})$ とは，なにかを考えましょう．

$$I-\hat{M} = \begin{pmatrix} 1-m_1 & & 0 \\ & \ddots & \\ 0 & & 1-m_n \end{pmatrix}$$

国内需要に対する国産品の比率を自給率といいます．それに輸入係数を足すと 1 になる関係です．

$$自給率 = \frac{国産品}{国内需要} = \frac{国産品}{中間需要＋国内最終需要} = 1-輸入係数$$

$(I-\hat{M})$ は，自給率 $1-m_i$ を対角要素とし，非対角要素を 0 とする対角行列であることがわかります．

⑧式にある $(I-\hat{M})A$ は，輸入品を含む投入係数に各行部門の自給率 $1-m_i$ を掛けた国産品の投入係数といえます．

$$(I-\hat{M})A = \begin{pmatrix} 1-m_1 & & 0 \\ & \ddots & \\ 0 & & 1-m_n \end{pmatrix} \cdot \begin{pmatrix} a_{11} & \cdots & a_{1n} \\ \vdots & & \vdots \\ a_{n1} & \cdots & a_{nn} \end{pmatrix} = \begin{pmatrix} (1-m_1)a_{11} & \cdots & (1-m_1)a_{1n} \\ \vdots & & \vdots \\ (1-m_n)a_{n1} & \cdots & (1-m_n)a_{nn} \end{pmatrix}$$

表 7-3 競争輸入型産業連関表（数値例）の場合，次のようになります．

$$(I-\hat{M})A = \begin{pmatrix} 1-0.3 & 0 \\ 0 & 1-0.2 \end{pmatrix}\begin{pmatrix} 0.1 & 0.2 \\ 0.3 & 0.4 \end{pmatrix} = \begin{pmatrix} 0.7\times0.1 & 0.7\times0.2 \\ 0.8\times0.3 & 0.8\times0.4 \end{pmatrix} = \begin{pmatrix} 0.70 & 0.14 \\ 0.24 & 0.32 \end{pmatrix}$$

$$\therefore \quad (I-\hat{M})A \approx A^d$$

したがって，$(I-\hat{M})A$ は非競争輸入型産業連関表から求める国産品投入係数行列 A^d と同じ意味合いになります．A^d は作表対象年次における実際の国産品による投入係数ですが，$(I-\hat{M})A$

は同じ産業部門の各需要項目の自給率が同じという仮定をして算出しています.

同じく,消費や投資などの国内最終需要 Y にも輸入品が含まれますので,$(I-\hat{M})Y$ は国内最終需要 Y に自給率 $1-m_i$ を乗じることによって,国産品に対する国内最終需要を表します.

$$(I-\hat{M})Y=\begin{pmatrix} 1-m_1 & & 0 \\ & \ddots & \\ 0 & & 1-m_n \end{pmatrix}\cdot\begin{pmatrix} Y_1 \\ \vdots \\ Y_n \end{pmatrix}=\begin{pmatrix} (1-m_1)Y_1 \\ \vdots \\ (1-m_n)Y_n \end{pmatrix}$$

もう一つの外生変数である輸出 E の前に自給率を乗じていない理由ですが,輸出は定義上すべて国産品であるということです.

$$\therefore \quad (I-\hat{M})Y+E\approx F^d$$

このように $Y+E$ は最終需要ですが,$(I-\hat{M})Y+E$ は国産品に対する最終需要になり,非競争輸入型産業連関表の国産品最終需要 F^d と同じ意味合いになります.⑧式は非競争輸入型モデルの②式と同様,国産品に対する最終需要によって誘発される国内への生産波及効果を表します.

■3つの逆行列の比較

④式輸入外生型モデルの $(I-A)^{-1}$ 型逆行列は,発生する波及効果の大きさを示す係数です.しかし,開放経済の場合には,中間投入に輸入品も含まれますので,波及効果の一部は輸入品を通して海外に漏れてしまいます.言い換えれば,輸入を誘発する効果になります.②式の非競争輸入型モデルの $(I-A^d)^{-1}$ 型逆行列と⑧式の輸入内生型モデルの $[I-(I-\hat{M})A]^{-1}$ 型逆行列は,国内への波及効果の大きさを示す係数となります.

$$\therefore \quad M\geq 0 \quad \therefore \quad (I-A)^{-1}\geq (I-A^d)^{-1},\ [I-(I-\hat{M})A]^{-1}$$

表 7-5　3 つの逆行列（数値例）

$(I-A)^{-1}$ 型	A 産業	B 産業
A 産業	1.250	0.417
B 産業	0.625	1.875

$(I-A^d)^{-1}$ 型	A 産業	B 産業
A 産業	1.148	0.246
B 産業	0.410	1.516

$[I-(I-\hat{M})A]^{-1}$ 型	A 産業	B 産業
A 産業	1.136	0.234
B 産業	0.401	1.553

　表 7-1 と表 7-3 の 2 部門産業連関表の数値例から求める 3 つの逆行列を表 7-5 に示します．輸入による波及の漏れを反映して，$(I-A^d)^{-1}$ 型と $[I-(I-\hat{M})A]^{-1}$ 型の逆行列は，$(I-A)^{-1}$ 型逆行列より数値が若干小さいことが読み取れます．

　上述したように，生産への誘発効果を推計する際には通常輸入内生型モデルの $[I-(I-\hat{M})A]^{-1}$ 逆行列を使います．以下では，これを利用して分析例を見ていきます．

3.　均衡産出高モデルによる経済構造分析

　生産技術を経由して各産業の生産水準を決定する均衡産出高モデルによる代表的な経済構造分析について，いくつか紹介しましょう．

■最終需要項目別生産誘発額

　均衡産出高モデルでは，各産業が最終需要を満たすために生産活動が営まれるとされています．各産業の生産が消費や投資（総資本形成）または輸出といった各最終需要項目によってそれぞれどれだけ誘発されているかを見てみましょう．

　国内最終需要の内項目である最終消費を Y^C，総資本形成を Y^I とし，また，輸出は E とし，この最終需要の各項目によって誘

表 7-6　最終需要項目別生産誘発額（数値例）

	最終消費	総資本形成	輸出	最終需要計
A 産業	38.1	15.6	26.3	80.0
B 産業	78.2	58.4	103.4	240.0
計	116.3	74.0	129.7	320.0

発される生産額をそれぞれ X^C, X^I, X^E とすれば，それらは次式によって求められます．

$$X^C = [I - (I - \hat{M})A]^{-1}(I - \hat{M})Y^C$$

$$X^I = [I - (I - \hat{M})A]^{-1}(I - \hat{M})Y^I \qquad \cdots\cdots \text{⑨}$$

$$X^E = [I - (I - \hat{M})A]^{-1}E$$

表 7-3 競争輸入型産業連関表の数値例から算出される最終需要項目別生産誘発額を表 7-6 に示します．

　経済全体として，最終需要によって誘発される生産額 320 のうち，輸出によって誘発される分が 129.7 で最も大きく，その次は最終消費の 116.3，最後が総資本形成の 74 となります．産業別に見ると，A 産業は生産額 80 のうち，半分弱の 38.1 が最終消費によって誘発されています．また，B 産業は生産額 240 のうち，輸出によって誘発される分が 103.4 で圧倒的に大きく，その次は最終消費の 78.2 と総資本形成の 58.4 の順となります．

■最終需要項目別生産誘発係数

　最終需要項目別の生産誘発額は各最終需要項目の大きさにも依存します．各最終需要項目の単位当たりでの生産誘発を見るのは，最終需要項目別生産誘発係数です．上記の生産誘発額を各最終需要項目の合計額で除することによって求められます．最終需

表 7-7　最終需要項目別生産誘発係数（数値例）

	最終消費	総資本形成	輸出	最終需要平均
A 産業	0.423	0.288	0.356	0.367
B 産業	0.868	1.082	1.397	1.101
計	1.292	1.371	1.753	1.468

要の各項目単位当たり誘発生産係数をそれぞれ x^C, x^I, x^E とすれば，それらは次式によって求められます．

$$\begin{pmatrix} x_1^C \\ \vdots \\ x_n^C \end{pmatrix} = \frac{1}{\displaystyle\sum_{i=1}^{n} Y_i^C} \begin{pmatrix} X_1^C \\ \vdots \\ X_n^C \end{pmatrix}, \quad \begin{pmatrix} x_1^I \\ \vdots \\ x_n^I \end{pmatrix} = \frac{1}{\displaystyle\sum_{i=1}^{n} Y_i^I} \begin{pmatrix} X_1^I \\ \vdots \\ X_n^I \end{pmatrix},$$

$$\begin{pmatrix} x_1^E \\ \vdots \\ x_n^E \end{pmatrix} = \frac{1}{\displaystyle\sum_{i=1}^{n} E_i} \begin{pmatrix} X_1^E \\ \vdots \\ X_n^E \end{pmatrix} \qquad \cdots\cdots\cdots ⑩$$

表 7-7 は表 7-6 と同じように表 7-3 の数値例から算出される最終需要項目別生産誘発係数です．ここから，単位当たりの最終需要に対し，1.468 倍の生産誘発効果があることがわかります．最終需要項目別を見ると，輸出単位当たりは 1.753 倍で生産誘発効果が最も高く，次は総資本形成の 1.371 倍，最終消費が 1.292 倍で相対的に低くなっています．また，各産業について見ると，いずれも B 産業への誘発効果が高いことがわかります．

■最終需要項目別生産誘発依存度
各産業生産誘発額の最終需要項目別の構成比を最終需要項目

表 7-8　最終需要項目別生産誘発依存度（数値例）

	最終消費	総資本形成	輸出	最終需要計
A 産業	0.476	0.195	0.329	1.000
B 産業	0.326	0.243	0.431	1.000
産業平均	0.363	0.231	0.405	1.000

別生産誘発依存度といいます．各産業が直接・間接にどの最終需要項目にどれだけ依存しているかを見る指標です．

　表7-8は表7-6最終需要項目別生産誘発額から算出される各産業の最終需要項目別構成比です．まず，全産業平均として，輸出に対する生産誘発依存度が40.5%で最も高く，その次は最終消費の36.3%，総資本形成の23.1%の順となります．産業別を見ると，A産業は最終消費に対する生産誘発依存度は47.6%で圧倒的に高く，総資本形成に対する依存度は低いといえます．また，B産業の生産誘発依存度は輸出43.1%，最終消費32.6%，総資本形成24.3%の順となっています．

■付加価値の誘発効果

　産業連関表は列方向から見ると，生産額が中間投入と付加価値から構成されます．最終需要によって生産が誘発され，その生産活動によって，さらに付加価値が形成されます．消費や総資本形成または輸出といった各最終需要項目にそれぞれどれだけ付加価値を誘発しているかという分析もできます．

　最終需要の各項目によって誘発される付加価値額をそれぞれ V^C，V^I，V^E とすれば，それが産業別付加価値率 v_j と，上記で算出した各最終需要項目によって誘発される産業別生産額の積として，次式によって求められます．

表7-9 最終需要項目別付加価値誘発額（数値例）

	最終消費	総資本形成	輸出	最終需要計
A 産業	22.9	9.3	15.8	48.0
B 産業	31.3	23.4	41.4	96.0
計	54.1	32.7	57.2	144.0

表7-10 最終需要項目別付加価値誘発係数（数値例）

	最終消費	総資本形成	輸出	最終需要平均
A 産業	0.254	0.173	0.213	0.220
B 産業	0.347	0.433	0.559	0.440
計	0.601	0.606	0.772	0.661

表7-11 最終需要項目別付加価値誘発依存度（数値例）

	最終消費	総資本形成	輸出	最終需要計
A 産業	0.476	0.195	0.329	1.000
B 産業	0.326	0.243	0.431	1.000
産業平均	0.376	0.227	0.397	1.000

ここで, $v_j = \dfrac{V_j}{X_j}$ とし, $\hat{v} = \begin{pmatrix} v_1 & & 0 \\ & \ddots & \\ 0 & & v_n \end{pmatrix}$ とすれば,

$$V^C = \begin{pmatrix} V_1^C \\ \vdots \\ V_n^C \end{pmatrix} = \begin{pmatrix} v_1 X_1^C \\ \vdots \\ v_n X_n^C \end{pmatrix} = \begin{pmatrix} v_1 & & 0 \\ & \ddots & \\ 0 & & v_n \end{pmatrix} \cdot \begin{pmatrix} X_1^C \\ \vdots \\ X_n^C \end{pmatrix} = \hat{v} X^C \qquad \cdots\cdots\cdots ⑪$$

同様に, $V^I = \hat{v} X^I$, $V^E = \hat{v} X^E$ となります.

2部門産業連関表の数値例から算出される最終需要項目別に誘発される付加価値額を表7-9に示します.

また，表7-10 と表7-11 に示すように，生産誘発と同様に最終需要項目別付加価値誘発係数と最終需要項目別付加価値誘発依存度を求めることができます．

■雇用の誘発効果

産業連関表の大国である日本では，産業連関表の部門分類に対応した雇用表も作成・公表されています．雇用表（各列部門について，1年間の生産に投入した労働の量 L_j）から，産業別生産額単位当たりに投入される労働量 l_j を計算し，消費や総資本形成または輸出といった各最終需要項目にそれぞれどれだけ労働や雇用を誘発しているかの分析ができます．

$$\text{労働投入係数 } l_j = \frac{L_j}{X_j}$$

最終需要の各項目によって誘発される雇用をそれぞれ L^C, L^I, L^E とすれば，それが産業別生産額単位当たりに投入される労働量 l_j と，上で算出した各最終需要項目によって誘発される産業別生産額 X^C, X^I, X^E との積として，次式によって求められます．

$$L^C = \begin{pmatrix} L_1^C \\ \vdots \\ L_n^C \end{pmatrix} = \begin{pmatrix} l_1 X_1^C \\ \vdots \\ l_n X_n^C \end{pmatrix} = \begin{pmatrix} l_1 & & 0 \\ & \ddots & \\ 0 & & l_n \end{pmatrix} \cdot \begin{pmatrix} X_1^C \\ \vdots \\ X_n^C \end{pmatrix} = \hat{l} X^C \qquad \cdots\cdots\cdots ⑫$$

同様に，$L^I = \hat{l} X^I$, $L^E = \hat{l} X^E$ となります．

X^C, X^I, X^E に⑨式を代入すると，次のように書くこともできます．

$$L^C = \hat{l} \ [I - (I - \hat{M})A]^{-1}(I - \hat{M})Y^C$$
$$L^I = \hat{l} \ [I - (I - \hat{M})A]^{-1}(I - \hat{M})Y^I \qquad \cdots\cdots\cdots ⑫'$$
$$L^E = \hat{l} \ [I - (I - \hat{M})A]^{-1}(I - \hat{M})Y^E$$

表 7-12　雇用表（数値例）

	A 産業	B 産業	合計
従業者数	400	720	1,120

表 7-13　最終需要項目別雇用誘発量（数値例）

	最終消費	総資本形成	輸出	最終需要計
A 産業	190.5	77.9	131.6	400.0
B 産業	234.5	175.3	310.2	720.0
計	425.0	253.2	441.8	1,120.0

表 7-14　最終需要項目別雇用誘発係数（数値例）

	最終消費	総資本形成	輸出	最終需要平均
A 産業	2.117	1.442	1.778	1.835
B 産業	2.605	3.246	4.192	3.303
計	4.722	4.688	5.970	5.138

　数値例で見ましょう．表7-12は表7-1と表7-3の2部門産業連関表の数値例に対応した仮設の雇用表です．これを使って雇用分析してみましょう．

　表7-13には最終需要項目別に誘発される雇用量を示しています．最終需要によって誘発される総雇用量1,120のうち，輸出と最終需要によって誘発される分が多くそれぞれ441.8と425でほぼ互角となり，総資本形成が253.2となっています．

　表7-14の最終需要項目別に誘発される雇用係数を見ると，最終需要単位当たりに対し，5.138の雇用効果があることがわかります．最終需要項目別では，輸出単位当たりは5.97で雇用創出効果が最も高く，次は最終消費4.722と総資本形成4.688となっています．

また，労働投入係数と国内への波及効果を表す逆行列の積を「労働誘発係数」といいます．$[I-(I-\hat{M})A]^{-1}$型逆行列をBとすれば，それを次式で表します．

$$\text{労働誘発係数}=\hat{l}B=\begin{pmatrix} l_1 & & 0 \\ & \ddots & \\ 0 & & l_n \end{pmatrix} \cdot \begin{pmatrix} b_{11} & \cdots & b_{1n} \\ \vdots & & \vdots \\ b_{n1} & \cdots & b_{nn} \end{pmatrix} = \begin{pmatrix} l_1 b_{11} & \cdots & l_1 b_{1n} \\ \vdots & & \vdots \\ l_n b_{n1} & \cdots & l_n b_{nn} \end{pmatrix}$$

$\cdots\cdots\cdots$ ⑬

労働誘発係数の各列は，それぞれの産業に対する最終需要が1単位発生する場合に，各産業に直接・間接に必要となる労働力需要の大きさを示します．

■輸入の誘発効果

日本は貿易依存度が高いといわれます．消費や投資あるいは輸出などの最終需要による輸入への誘発効果も見てみましょう．

$[I-(I-\hat{M})A]^{-1}$型逆行列をBとすると，⑧式は次のように書き換えることができます．

$$X=[I-(I-\hat{M})A]^{-1}[(I-\hat{M})Y+E]=B(I-\hat{M})Y+BE$$

これを⑥' 式 $M=\hat{M}(AX+Y)$ に代入して整理すると，次のように最終需要項目別の輸入誘発額が求められます．

$$M^C=\hat{M}[AB(I-\hat{M})+I]Y^C$$
$$M^I=\hat{M}[AB(I-\hat{M})+I]Y^I \qquad\qquad \cdots\cdots\cdots ⑭$$
$$M^E=\hat{M}ABE$$

もう一つの表現方法を提示します．ここで，国内最終需要 Y^C と Y^I の前の［　］内の単位行列Iを次のように変形します．

$$I=(I-\hat{M})^{-1}(I-\hat{M})=(I-\hat{M})^{-1}B^{-1}\cdot B(I-\hat{M})$$

これを⑭式の M^C と M^I について代入して整理すると，次のようになります．

$$M^C=\hat{M}[A+(I-\hat{M})^{-1}B^{-1}]B(I-\hat{M})Y^C$$
$$M^I=\hat{M}[A+(I-\hat{M})^{-1}B^{-1}]B(I-\hat{M})Y^I$$

また，$B^{-1}=\{[I-(I-\hat{M})A]^{-1}\}^{-1}=I-(I-\hat{M})A$ なので，上式の ［ ］ 内は

$$[A+(I-\hat{M})^{-1}B^{-1}]=A+(I-\hat{M})^{-1}-(I-\hat{M})^{-1}(I-\hat{M})A=(I-\hat{M})^{-1}$$

となり，⑭式の最終需要項目別の輸入誘発額は次のように求めることもできます．

$$M^C=\hat{M}(I-\hat{M})^{-1}B(I-\hat{M})Y^C$$
$$M^I=\hat{M}(I-\hat{M})^{-1}B(I-\hat{M})Y^I \qquad \cdots\cdots\cdots ⑮$$
$$M^E=\hat{M}ABE$$

4. 新規需要による経済波及効果分析

よく行われている新規需要による経済波及効果分析では，中間投入を経由して誘発されるレオンチェフ的な生産波及効果を**第1次波及効果**といいます．さらに，この第1次波及効果による生産の増加が所得増をもたらし，増加した所得の一部が消費に回れば，さらなる生産の波及効果がもたらされます．後者のプロセスは**第2次波及効果**と呼ばれます．

(1) 第2次波及効果モデル

新規最終需要ΔYやΔEによって誘発される第1次波及効果$\Delta X^{①}$モデルを次に示します．⑧式より，

$$\Delta Y \text{の場合，} \quad \Delta X^{①} = [I - (I - \hat{M})A]^{-1}(I - \hat{M})\Delta Y \quad \cdots\cdots ⑯$$

$$\Delta E \text{の場合，} \quad \Delta X^{①} = [I - (I - \hat{M})A]^{-1}\Delta E \quad \cdots\cdots ⑰$$

さらに，所得増を経由して増加した消費によって誘発される第2次波及効果$\Delta X^{②}$モデルを次に示します．

$$\Delta X^{②} = [I - (I - \hat{M})A]^{-1}(I - \hat{M})ckw\Delta X^{①} \quad \cdots\cdots ⑱$$

ここで，cは家計（または民間）消費支出構成比の列ベクトル，kは消費性向または消費転換係数（スカラー），wは各産業部門生産額単位当たりの所得[1]を表す所得係数の行ベクトルとします．

⑱式の意味を右辺の後ろの項から考えましょう．まず，

$$w\Delta X^{①} = (w_1 \ \cdots \ w_n)\begin{pmatrix} \Delta X^{①}_1 \\ \vdots \\ \Delta X^{①}_n \end{pmatrix} = w_1\Delta X^{①}_1 + \cdots + w_1\Delta X^{①}_n$$

つまり，$w\Delta X^{①}$は各産業の所得係数とその産業の生産の増加分との積を産業別に合計するもので，第1次波及効果による生産活動から形成される所得の増加分を表します．これに消費性向kを乗じると，消費の増加分になります．さらに，消費構成比を乗じることによって，消費の増加分を各産業部門に振り分けることになり，各部門に対する消費の増加分となります．さらに消費には

---

[1] 所得の定義としては，雇用者所得，要素所得（雇用者所得＋営業余剰）または付加価値のいずれも考えられる．注意点として，所得係数w(所得÷生産額)の分子の「所得」と，消費性向k(消費÷所得)の分母の「所得」との間で定義の整合性を考える必要がある．

輸入品も含まれますので，自給率を乗じます．最後に，この国産品に対する消費需要に，国内への波及効果を表す逆行列を乗じ，その生産波及効果を求めます．

　もちろん，$[I-(I-\hat{M})A]^{-1}(I-\hat{M})ckw$ をまとめて一つの（生産 → 所得 → 消費 → 生産への）乗数として考えてもよいでしょう．

　また，この第 2 次波及効果によって，同じルートをたどり，さらに，第 3 次，第 4 次…波及効果が発生します．効果は逓減しますので，通常，第 2 次または第 3 次波及効果までのシミュレーションが多いようです[2]．

⑵　消費内生化モデル

　生産の増加 → 所得増 → 消費増 → 生産増という第 2 次波及効果的な誘発効果を一発で計算する**消費内生化モデル**（あるいは**家計内生化モデル**ともいう）もあります．

■所得を明示しない消費内生化モデル

　消費を内生化しますので，ここで国内最終需要 Y を，内生化する最終消費 Y^C と，それを除くその他の国内最終需要 Y^X（外生変数としての国内最終需要）の 2 部分に分けます．⑦式の輸入内生型需給バランス式は次のようになります．

$$(I-\hat{M})AX+(I-\hat{M})Y^C+(I-\hat{M})Y^X+E=X$$

　生産活動によって所得が形成（wX）され，消費性向 k を経由して最終消費分となり，それを消費支出構成比 c で産業別に按分

▼2　波及のプロセスが明示でき，理解しやすいという大きなメリットがあるため，次節の消費内生化モデルより第 2 次波及効果モデルのほうが実際には多く使われている．

するものを Y^C とすれば，次のように表現できます．

$$Y^C = \begin{pmatrix} Y_1^C \\ \vdots \\ Y_n^C \end{pmatrix} = \begin{pmatrix} c_1 \\ \vdots \\ c_n \end{pmatrix} \cdot k \cdot (w_1 \quad \cdots \quad w_n) \cdot \begin{pmatrix} X_1 \\ \vdots \\ X_n \end{pmatrix} = ckwX$$

これを上のバランス式に代入すれば，次の消費内生型の需給バランス式が得られます．

$$(I-\hat{M})AX + (I-\hat{M})ckwX + (I-\hat{M})Y^X + E = X \qquad \cdots\cdots\cdots ⑲$$

これを X について整理すると，次の消費内生型均衡産出高モデルが得られます．

$$X = [I-(I-\hat{M})(A+ckw)]^{-1}[(I-\hat{M})Y^X+E] \qquad \cdots\cdots\cdots ⑳$$

ここの ckw 行列は，各産業の生産単位当たりに形成される所得から発生する各産業への消費需要を表す係数といえます．

$$ckw = \begin{pmatrix} c_1 \\ \vdots \\ c_n \end{pmatrix} \cdot k \cdot (w_1 \quad \cdots \quad w_n) = \begin{pmatrix} c_1 k w_1 & \cdots & c_1 k w_n \\ \vdots & & \vdots \\ c_n k w_1 & \cdots & c_n k w_n \end{pmatrix}$$

消費内生型均衡産出高モデルを利用して，新規最終需要 ΔY や ΔE によって誘発される生産波及効果 ΔX を求める場合は，次式となります．

ΔY の場合，$\Delta X = [I-(I-\hat{M})(A+ckw)]^{-1}(I-\hat{M})\Delta Y\cdots\cdots$ ㉑

ΔE の場合，$\Delta X = [I-(I-\hat{M})(A+ckw)]^{-1}\Delta E \qquad \cdots\cdots\cdots$ ㉒

このように求められる ΔX は，前節の第1次波及効果（⑯式と⑰式）と第2次波及効果（⑱式），第3次，第4次…波及効果の合計となります．

$$\Delta X = \Delta X^{①} + \Delta X^{②} + \Delta X^{③} + \Delta X^{④} + \cdots \qquad \cdots\cdots\cdots ㉓$$

この消費内生型均衡産出高モデルには，所得を経由した消費の誘発効果が含まれていますが，所得そのものの誘発効果は特に明

示されていません.

■所得を明示する消費内生化モデル

　所得の誘発効果を明示するために, まず, 所得のバランス式を導入します. ここで, 均衡所得を W（スカラー）とし, それを生産活動によって形成される所得 wX と, 生産活動と独立に外生的に発生する所得 W^X（スカラー）から構成されるものとします. 所得概念を拡大したので, ⑲式の消費内生型の需給バランス式の所得を表す wX の部分を均衡所得 W に書き換えます.

$$\text{需給バランス：}\begin{cases}(I-\hat{M})AX+(I-\hat{M})ckW+(I-\hat{M})Y^X+E=X\\ \text{所得バランス：}\ wX+\qquad\qquad\qquad\qquad W^X\qquad =W\end{cases}$$

この2つのバランス式から, 次の消費内生型のバランス式が得られます.

$$\begin{bmatrix}(I-\hat{M})A & \vdots & (I-\hat{M})ck\\ \cdots\cdots\cdots & \vdots & \cdots\cdots\\ w & \vdots & 0\end{bmatrix}\cdot\begin{bmatrix}X\\ \cdots\\ W\end{bmatrix}+\begin{bmatrix}(I-\hat{M})Y^X+E\\ \cdots\cdots\cdots\\ W^X\end{bmatrix}=\begin{bmatrix}X\\ \cdots\\ W\end{bmatrix}$$

$$\cdots\cdots ㉔$$

　ここの $(I-\hat{M})ck$ は, 国産品に対する産業別消費性向の列ベクトルです.

$$(I-\hat{M})ck=\begin{pmatrix}1-m_1 & & 0\\ & \ddots & \\ 0 & & 1-m_n\end{pmatrix}\cdot\begin{pmatrix}c_1\\ \vdots\\ c_n\end{pmatrix}\cdot k=\begin{pmatrix}(1-m_1)c_1k\\ \vdots\\ (1-m_n)c_nk\end{pmatrix}$$

　上のバランス式を均衡産出高 X と均衡所得 W に対して解を求めると, 次の消費内生型均衡産出高モデルが得られます.

$$\begin{bmatrix} X \\ \cdots \\ W \end{bmatrix} = \begin{bmatrix} I-(I-\hat{M})A & \vdots & -(I-\hat{M})ck \\ \cdots\cdots\cdots\cdots\cdots & \vdots & \cdots\cdots\cdots\cdots \\ -w & \vdots & 1 \end{bmatrix}^{-1} \cdot \begin{bmatrix} (I-\hat{M})Y^X + E \\ \cdots\cdots\cdots\cdots \\ W^X \end{bmatrix}$$

$$\cdots\cdots 25$$

この消費内生型均衡産出高モデルを利用して,新規最終需要 ΔY や ΔE によって誘発される生産波及効果 ΔX を求める場合は,次式となります.

ΔY の場合,次のようになります.

$$\begin{bmatrix} \Delta X \\ \cdots \\ \Delta W \end{bmatrix} = \begin{bmatrix} I-(I-\hat{M})A & \vdots & -(I-\hat{M})ck \\ \cdots\cdots\cdots\cdots\cdots & \vdots & \cdots\cdots\cdots\cdots \\ -w & \vdots & 1 \end{bmatrix}^{-1} \cdot \begin{bmatrix} (I-\hat{M})\Delta Y^X \\ \cdots\cdots\cdots\cdots \\ 0 \end{bmatrix}$$

$$\cdots\cdots 26$$

ΔE の場合,次のようになります.

$$\begin{bmatrix} \Delta X \\ \cdots \\ \Delta W \end{bmatrix} = \begin{bmatrix} I-(I-\hat{M})A & \vdots & -(I-\hat{M})ck \\ \cdots\cdots\cdots\cdots\cdots & \vdots & \cdots\cdots\cdots\cdots \\ -w & \vdots & 1 \end{bmatrix}^{-1} \cdot \begin{bmatrix} \Delta E \\ \cdots \\ 0 \end{bmatrix} \quad \cdots\cdots 27$$

このように求められる ΔX は,上記の所得を明示しない消費内生化モデルの ΔX と等しいです[3]. さらにこうした新規最終需要

▼3 証明のヒント:㉔バランス式の W^X を 0 にして展開してみよ.

によって誘発される所得 ΔW もこのモデルから得られます.

　また，このモデルから新規所得 ΔW^X によって誘発される生産波及効果 ΔX も求められます．例えば，所得税減税の波及効果や地域振興商品券などの波及効果の推計に応用できます.

　ΔW^X の場合，次のようになります.

$$
\begin{bmatrix} \Delta X \\ \cdots \\ \Delta W \end{bmatrix} = \begin{bmatrix} I-(I-\hat{M})A & \vdots & -(I-\hat{M})ck \\ \cdots\cdots\cdots\cdots & \vdots & \cdots\cdots\cdots \\ -w & \vdots & 1 \end{bmatrix}^{-1} \cdot \begin{bmatrix} 0 \\ \cdots \\ \Delta W^X \end{bmatrix} \cdots\cdots\cdots ㉘
$$

⑶　雇用への波及効果分析

　新規最終需要による生産への波及効果だけではなく，雇用への波及効果も分析できます．上記のモデルから計算した各産業への生産波及効果 ΔX_j に，雇用表から算出される産業別労働投入係数 l_j を乗じれば，新規最終需要による雇用への波及効果 ΔL_j が求められます.

$$
\Delta L = \begin{pmatrix} \Delta L_1 \\ \vdots \\ \Delta L_n \end{pmatrix} = \begin{pmatrix} l_1 \Delta X_1 \\ \vdots \\ l_n \Delta X_n \end{pmatrix} = \begin{pmatrix} l_1 & & 0 \\ & \ddots & \\ 0 & & l_n \end{pmatrix} \begin{pmatrix} \Delta X_1 \\ \vdots \\ \Delta X_n \end{pmatrix} = \hat{l}\Delta X \quad\cdots\cdots\cdots ㉙
$$

⑷　数値例からみる新規需要による経済波及効果分析

　表7-3競争輸入型産業連関表（数値例）の情報ではこの分析には不十分ですので，その詳細版を次頁の表7-15で再掲します．これと表7-12雇用表（数値例）を使って，新規需要による経済波及効果分析を試しましょう.

表7-15　競争輸入型産業連関表（数値例）

| | | 中間需要 | | | 最終需要 | | | | (控除) | 国内 |
		A産業	B産業	計	民間最終消費	政府最終消費	総資本形成	輸出	輸入	生産額
中間投入	A産業	8	48	56	30	5	9	10	− 30	80
	B産業	24	96	120	40	15	45	64	− 44	240
	計	32	144	176	70	20	54	74	− 74	320
雇用者報酬		20	48	68						
営業余剰		16	12	28						
固定資本減耗		8	24	32						
純生産税		4	12	16						
付加価値計		48	96	144						
国内生産額		80	240	320						

　輸入係数や逆行列係数，労働投入係数などはすでにそろっていますが，消費性向（または第2次波及効果モデルで呼ばれている「消費転換係数」）k（スカラー）と所得係数w（行ベクトル）を新たに検討する必要があります．

■消費性向と所得係数

　産業連関表は基本的に生産活動を捉えようとするものですので，表全体は**国内概念**で計上しています．しかし，「最終消費支出」項目だけが，国内概念ではなく，**国民概念**となっています．

　この国の国民消費は70となっています．所得は消費の源泉です．ここで，所得概念を整理します．

　　国民総所得（GNI）＝GDP＋海外から要素所得の受取
　　　　　　　　　　　　　－海外への要素所得の支払

市場価格表示国民所得（NI）＝GNI−固定資本減耗

要素費用表示国民所得（NI）＝GNI−固定資本減耗−純生産税

産業連関表からは「海外からの要素所得の受取」や「海外への要素所得の支払」の情報が得られないので，国民経済計算年報などから調べる必要があります．

ここでは，仮に海外からの要素所得の受取を6，海外への要素所得の支払を2とします．この場合のこの国の国民所得は次のようになります．

国民総所得（GNI）＝144＋6−2＝148

市場価格表示国民所得（NI）＝148−32＝116

要素費用表示国民所得（NI）＝148−32−16＝100

消費性向（または消費転換係数）k の分母はこの3つの国民所得のどれを使ってもよいです．

k は国民概念にしましたので，所得係数 w も国民概念に調整したほうがよいでしょう．生産活動によって所得が形成されますが，その所得がすべて国民の所得になるわけではなく，一部は「海外への要素所得の支払」となります．国内生産活動の所得に対する海外への要素所得の支払率 r（スカラー）を導入します．

$$r = \frac{海外への要素所得の支払}{国内生産所得}$$

したがって，$1-r$ は国内生産所得のうち，国民所得になる割合のことになります．これを産業別国内所得係数 s（行ベクトル）に掛けて，産業別の国民概念の所得係数 w とします．

3つの国民所得概念に対応して，k と w は次の3つのケースに

なります.

①消費性向 k を国民総所得（GNI）148 のうち，70 が消費にあてられたと考えれば

$$k = \frac{70}{148} \approx 0.473 \text{ の場合, } r = \frac{2}{148} \approx 0.014$$

$$w = (1-r)(s_1 \quad s_2) = (1-0.014)\left(\frac{48}{80} \quad \frac{96}{240}\right) \approx (0.592 \quad 0.395)$$

②消費性向 k を市場価格表示国民所得（NI）116 のうち，70 が消費にあてられたと考えれば

$$k = \frac{70}{116} \approx 0.603 \text{ の場合, } r = \frac{2}{116} \approx 0.017$$

$$w = (1-r)(s_1 \quad s_2) = (1-0.017)\left(\frac{40}{80} \quad \frac{72}{240}\right) \approx (0.491 \quad 0.295)$$

③消費性向 k を要素費用表示国民所得（NI）100 のうち，70 が消費にあてられたと考えれば

$$k = \frac{70}{100} \approx 0.7 \text{ の場合, } r = \frac{2}{100} = 0.02$$

$$w = (1-r)(s_1 \quad s_2) = (1-0.02)\left(\frac{36}{80} \quad \frac{60}{240}\right) \approx (0.441 \quad 0.245)$$

つまり，広い所得概念をとれば，消費性向 k の数値が小さくなり，その分対応する所得係数 w が大きくなります．逆に狭い所得概念をとれば，消費性向 k の数値が大きくなり，対応する所得係数 w が小さくなります．

以下では，③番目のケースの消費性向 k と所得係数 w を使って，シミュレーションします．

表7-16　第2次波及効果モデルによる分析

	新規国内最終需要 ΔY	国産品に対する新規需要 $(I-\hat{M})\Delta Y$	第1次波及効果 $\Delta X^{①}$	第2次波及効果 $\Delta X^{②}$	第3次波及効果 $\Delta X^{③}$	生産波及効果計	生産波及による雇用効果 $\hat{l}\Delta X$
A産業	0	0	1.87	1.21	0.34	3.42	17.11
B産業	10	8	12.42	2.25	0.63	15.30	45.91
計	10	8	14.30	3.46	0.97	18.73	63.03

表7-17　消費内生化モデルによる分析

	新規国内最終需要 ΔY	消費内生化モデルの波及効果 ΔX	所得誘発効果 ΔW	生産波及による雇用効果 $\hat{l}\Delta X$
A産業	0	3.56		17.78
B産業	10	15.55		46.65
計	10	19.11	5.38	64.43

　B産業に対して10の国内最終需要を発生する場合の，第2次波及効果モデルによる推計結果を表7-16に，消費内生化モデルによる推計結果を表7-17に示します.

　第2次波及効果モデルによる推計は，第3次波及効果まで計算すれば，消費内生化モデルによる計算結果とほとんど変わらなくなることがわかります.

　消費内生化モデルは，モデルとして簡潔で洗練されているものです. 一方，第2次波及効果モデルは波及のプロセスが明示でき，理解しやすいという大きなメリットがあります. 第2次波及効果モデルのほうが実際には多く使われています.

5. 経済波及効果分析の限界

　経済波及効果分析は投入係数の安定性に全面的に依存します．投入係数は推計表作成年次に採用されていた生産技術を表すので，技術革新や部門間相対価格の変化などにより，分析対象年次が推計表作成年次から離れるにしたがって予測の精度が落ちることになります．

　需要構造の大きな変化や，倍増計画などを想定するような経済の長期予測には，（生産技術が変わるので）残念ながら産業連関分析は向いていません．

　生産の波及効果分析は非常に広く利用されていますので，投入係数の安定性以外にもよく指摘される問題点について少し考えてみます．

　1番目として，「需要される財・サービスは全て生産されるという前提が置かれており，供給制約が考慮されていない」との指摘がよくあります．たしかにケインズモデルでもレオンチェフモデルでも，供給余剰を前提としています．供給側に余裕があるにもかかわらず，需要不足で経済が低迷しているときに初めて有効需要を作り出す経済政策を発動する意味があると考えられるからです．もし，供給側に余裕がない時に，判断ミスで新規需要を作り出そうとする政策を発動したら，その新規需要を満たすことができないだけではなく，物価の上昇を引き起こすことにもなります．

　2番目は，「在庫が十分あり，需要の増加がそれでまかなわれた場合には，波及は中断する」という指摘です．「在庫が十分あ

り」という表現が少々曖昧ですが，基本的に，企業が常に一定の在庫率を保とうとすることはほとんどのモデルの前提と考えられます．新規需要が発生する場合（起点），すべての産業が需要と供給が等しいところで各産業の均衡解が求められたわけです．もし発生したこの需要の波及効果が一部余剰在庫の消化に使われることになったら，その余剰在庫を生産するための波及効果はすでに発生済みなので，残りが新たな生産への波及となります．余剰在庫の情報が事前に把握できれば，その分の控除推計も考えられます．

　3番目は時間に関する指摘です．「いつ，どの産業に，どの程度の生産誘発が生じるかはモデルから明らかにされていない」との指摘です．モデルの推計結果は利用する統計に依存するので，この需要の波及効果にどのぐらいの時間がかかるかという問題を考えるヒントは，産業連関表の定義，特に「中間投入」の定義にあるかと思います．

　産業連関表の定義は第6章の冒頭に示したように，1年間を単位としています．需要あるいは生産への波及効果は，推計する起点の新規需要の生産プロセスとほぼ同時に開始し，終了すると考えられます．

コラム⑲ 第2次波及効果モデルによる分析の事例

第2次波及効果モデルは1990年代から多く利用されるようになりました．

臨海副都心開発

波及効果、18兆円に

都が試算 初期投資の2.8倍

景気低迷や交通基盤整備

試算実現へ課題多く

出所：日本経済新聞 1999年2月16日

コラム⑳　開放経済の場合の均衡価格モデル

　第 6 章では単純化した閉鎖経済の場合の均衡価格モデルを提示しましたが，ここでは，開放経済のもとでのモデル式を展開します．

　まず表 7-2 非競争輸入型産業連関表を利用する場合に，新たに国産品価格変動比の列ベクトル p^d，輸入品価格変動比の列ベクトル p^m を導入し，各産業の変動後の付加価値率の列ベクトルを同じく v' とすると，第 6 章の⑭式は次のようになります．

$$(A^d)' p^d + (A^m)' p^m + v' = p^d$$

　これを p^d について解くと，次の非競争輸入型均衡価格モデルが得られます．

$$p^d = [(I - A^d)^{-1}]' [(A^m)' p^m + v']$$

　または列ベクトルである p^d，p^m と v' を転置して，行ベクトル $(p^d)'$，$(p^m)'$ と $(v')'$ にすると，次のように表現することもできます．

$$(p^d)' = [(p^m)' A^m + (v')'] (I - A^d)^{-1}$$

　表 7-4 競争輸入型産業連関表を利用する場合に，上式の国産品の投入係数 A^d を $(I - \hat{M})A$ に，輸入品の投入係数 A^m を $\hat{M}A$ に書き換え，次の競争輸入型均衡価格モデルが得られます．

$$p^d = \{[I - (I - \hat{M})A]^{-1}\}' [(\hat{M}A)' p^m + v']$$

　または

$$(p^d)' = [(p^m)' \hat{M}A + (v')'][I - (I - \hat{M})A]^{-1}$$

　労働価格要素や付加価値の税率などが変動する場合は，p^m を全ての要素を 1 とする列ベクトルにして，各産業の変動後の付加価値率 v' を外生変数として，それによる国産品価格変動比 p^d を求めることができます．また，為替レートや輸入品価格などが変動する場合は，v' を元の付加価値率 v のままにして，各産業の輸入品価格変動比 p^m を外生変数として，それによる国産品価格変動比 p^d を求めることができます．

コラム㉑　地域産業連関表と国際産業連関表

　産業連関表は一国を対象とするものだけでなく，一国の一部としての地域を対象にする「地域産業連関表」，また複数の国を対象とする「国際産業連関表」もあります．

　地域産業連関表の例として，日本では都道府県産業連関表が各都道府県によって作成されています．また，経済産業省によって「地域間産業連関表」も作成されています．地域産業連関表には，自地域と他地域との取引を表す「移出」及び「移入」という項目があり，その取扱いによって「地域内表」と「地域間表」があります．

地域内産業連関表の概念図

	産出	中間需要		最終需要			(控除)移入	(控除)輸入	域内生産額
投入		A産業	B産業	域内最終消費	移出	輸出			
中間投入	A産業								
	B産業								
付加価値計									
域内生産額									

地域間産業連関表の概念図

	産出	中間需要				最終需要				(控除)輸入	域内生産額
		地域Ⅰ		地域Ⅱ		地域Ⅰ		地域Ⅱ			
投入		A産業	B産業	A産業	B産業	域内最終消費	輸出	域内最終消費	輸出		
中間投入	地域Ⅰ A産業									−	
	B産業									−	
	地域Ⅱ A産業						−				
	B産業						−				
付加価値計											
域内生産額											

　日本は対外依存度が高いといわれていますが，全国表では，国内需要に対する輸入の割合を示す輸入係数は 1 割以下です．しかし，県レベルの産業連関表になると，例えば埼玉県の場合，域内需要に対する移輸入の割合を示す移輸入係数は 3 割ぐらいでかなり大きくなります．地域が小さければ小さいほどこの傾向が大きくなります．地域内表による経済波及効果分析では，自給率が小さいため，域内への波及効果も小さくなります．しかし，移輸入を経由して他地域に流出する波及効果の一部が，跳ねかえって自地域に戻ってくる効果もあります．それは地域間表があれば分析することができます．

　地域を国に読み替えれば，地域間産業連関表のイメージがほとんどそのまま国際産業連関表に置き換わります．国際産業連関表については，日本における表作成として，経済産業省によって作成される「日米国際産業連関表」（1990 年・1995 年・2000 年・2005 年）や「日中国際産業連関表」（2007 年）があり，また，アジア経済研究所によって作成された「アジア国際産業連関表」（1970 年・1975 年・1980 年・2005 年）などがあります．

　国際産業連関表の作成については，従来，産業連関表の大国である日本が中心になって行われてきましたが，近年，国際産業連関分析に対するニーズの拡大に伴い，世界の主要な研究機関によるデータ作成が活発になっています．OECD による 43 カ国（EU 諸国と他の主要国・地域）の WIOD（World Input-Output Database ［Online］ Available: https://www.rug.nl/ggdc/valuechain/wiod，シドニー大学による 190 カ国を網羅する Eora（イオーラ）MRIO（Eora Multi-Region Input-Output Table ［Online］ Available: http://www.worldmrio.com），また，アジア開発銀行がアジア太平洋地域の分析のために，WIOD の対象国にアジア 19 の経済圏を追加して作成している ADB MRIO（［Online］ Available: https://mrio.adbx.online/）がいずれも無料で公表されています．

第 8 章

日本と中国の GDP 統計作成の比較

　社会経済に関連するほとんどすべての統計データを動員して推計される GDP 統計は，経済統計の集大成といえます．それは国際比較可能な形で記録することを目的として定められている国際基準である SNA によって定義されますが，この高度な加工統計は当然ながら作成国の既存統計に全面的に依存し，実際，各国がそれぞれ異なる推計方法を確立しているのが現状です．

　特に SNA の先進国としての日本と，MPS から SNA へ移行する国の代表格としての中国との GDP 推計方法は，その SNA の導入経緯や統計制度，既存統計の相違によって大きく異なります．

1.　産業連関統計をベースにする日本の GDP 推計

　日本の GDP 統計は，これまで見てきたように産業連関統計に大きく依存しています．10 府省庁の共同作業によって 5 年ごとに作成される産業連関表の完成を待って基準改定を行い，GDP 推計のベンチマークとしています．

　図 8-1（左）に示すように，産業連関表は国内活動によって生産された商品及び輸入された商品に関する勘定で，列方向からそ

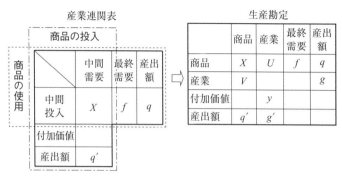

図 8-1　産業連関表から生産勘定への概念図

の商品の生産に投入されたさまざまな財・サービスの費用構造が
わかり，行方向から各商品の使途がわかります．その分類は，ア
クティヴィティー・ベースを追求し，副次的生産物をできるだけ
なくし，商品×商品の投入・産出構造を把握することが目的とさ
れます．

　一方，国民経済計算は，制度単位や事業所の活動を記録するよ
うに設計されています．その生産勘定の産業（経済活動別）分類
は事業所ベースのものです．産業連関表と国民経済計算の生産勘
定との間には基本的な仕組みの違いが存在するわけです．図 8-1
（右）は生産勘定の構造を示したものです．

　日本では，産業連関表の商品×商品の投入・産出構造を国民
経済計算の生産勘定に組み替えるために，「商品技術仮定（ある
商品はどの産業で生産されようとも同じ投入構造を持つという仮
定）」または「産業技術仮定（産業は主たる財・サービスをひと
つ生産するという仮定）」を前提として，産業連関表（商品×商
品表）とその付帯表である V 表（経済活動別財貨・サービス産

出表）から U 表（経済活動別財貨・サービス投入表）を導出します[1].

　付帯表 V 表より得られる産業別（経済活動別）産出額 g から，U 表より得られる産業別中間投入額 U を控除して，産業別 GDP（付加価値額）y を推計します．一方，産業連関表の行方向を組み替え，生産と支出の二面等価を維持しながら，各需要項目を推計する手法をコモディティ・フロー法（コモ法）といいます．生産者価格の供給（産出＋輸入）から，マージン率や配分比率を特定することにより，購入者価格の需要側諸項目（中間消費＋最終消費＋総資本形成＋輸出）を推計します．さらに，上で得られた各産業の付加価値額は，雇用者報酬，固定資本減耗，生産物に課される税（控除）補助金に分配し，残差を営業余剰（法人企業の場合）・混合所得（自営業者の場合）とします．

　また，産業連関表が存在しない中間年の生産勘定推計では，V 表は毎年新しく作成されるものの，U 表は基準年 U 表をベースに工業統計調査や財務諸表など様々な統計資料を使って延長推計する方法が採られています．支出勘定のうち，民間最終消費支出はコモ法によって得られた値をベースに「家計調査」で得られた計数の動向を参考に推計され，総資本形成も同様に，機械などの設備投資はコモ法により，住宅は建設コモ法をベースに各種建設統計を用いて推計されています[2].

---

[1]　SNA では，まず V 表と U 表を作成し，これら 2 つの表から，産業技術仮定または商品技術仮定を置いた上で間接的に商品×商品の産業連関表を導くこととしている．日本では従来ベンチマークの産業連関表が直接作成されてきたが，2020 年を対象とした基本表から部分的に SNA の作成方法を導入することになった．

このように，日本は豊富な基礎統計に基づき毎年産業連関統計を整備することにより，1968SNA 以来提唱される物的接近法を極めて忠実に実践してきました．統計機構は分散型で，各省庁が異なる行政ニーズのためにそれぞれ独自に統計調査・作成を行ってきました．こうしたさまざまな需要側と供給側の諸統計を用いて GDP 推計を行うわけですが，産業連関統計をベースにすることにより，支出側 GDP と生産側 GDP の開きを最小限に抑えることにしています．

なお，残りの「統計上の不突合▼3」が生産側 GDP に計上されています．日本では従来，家計調査や法人季報など需要側の諸統計が充実しており，また需要側の統計に対するユーザーのニーズが強いこともあって，支出側 GDP が重視されてきたといえます．

2. 中国の GDP 統計の歴史的成立ち

中国 GDP 統計の作成方法を考察する前に，ここでまず中国の国民経済計算の歴史的成立ち及び中国の統計制度について簡単に整理します．

中国では，計画経済期に MPS（コラム②を参照）に準拠し

▶2　日本の GDP 推計については，内閣府「SNA 推計手法解説書（2007年改訂版）」「国民経済計算推計手法解説書（年次推計編）平成 23 年基準版」「国民経済計算の平成 23 年基準改定および 2008SNA 対応について」等を参照．

▼3　国内総生産のように，概念上一致すべきものであっても，支出系列と生産系列では推計上の接近方法が異なっているため，推計値に食い違いが生じることがある．この食い違いを統計上の不突合といい，勘定体系のバランスを図るために表章される（内閣府ウェブサイトより）．

て国民所得統計が作成されていたことがよく知られています. MPS では計画経済に基づいて物的部門で生産された財と, それに付随する運輸部門や商業飲食部門におけるサービスの合計を「社会総生産」として国民所得の源泉とします. 他方, 金融・保険, 不動産業, 科学研究事業, 教育等々といった活動は非物的部門とし, それに関わる貨幣支払は移転取引とみなし, 次の分配プロセスで計測することにしています. 一方, SNA では基本的に市場向けの財・サービスの生産活動が「体系における生産の境界」と定義されますので, 他の経済主体に提供するサービスは, 生産の境界内とみなされます. したがって, サービス部門の取扱いが MPS と SNA では大きく異なることになります.

表 8-1 に中国の国民経済計算の変遷を示します. 中央計画経済から社会主義市場経済への移行は, MPS ベースの国民経済計算統計が SNA ベースの統計へ移行するプロセスでもありました.

表 8-1　中国の国民経済計算の変遷

年	MPS 体系	SNA 体系
1956	統計作成開始	
1981, 82	MPS 型産業連関表作成	
1985		GDP 推計開始
1987		SNA 型産業連関表作成開始
1992		資金循環表作成開始
1993	MPS 指標の推計は廃止したが, 若干の用語を併用	『中国国民経済計算体系（試行案)』公表[4]
2003	すべての MPS 用語を削除	『中国国民経済計算体系 2002』出版[5]
2008		『中国非経済センサス年の国内総生産の推計方法』出版
2017		『中国国民経済計算体系 2016』出版

　中国の統計機構は，日本のような各府省庁がそれぞれ独自に統
計調査や作成を行う「分散型」と異なり，政府統計が中国国家統
計局で集中して作成される「集中型」となっています．また，統
計調査制度については，かつて中央計画経済時代の伝統に沿った
報告制度でしたが，近代的な市場経済体制への移行の中で，報告
ベースから調査統計ベースの統計制度へと変貌してきました．

　中国のGDP統計作成の枠組みも，当然ながらこうした歴史的
背景の中で構築されてきました．SNA体系に基づくGDP統計
の作成は，1985年からMPS体系と併用のまま開始されました
が，1993年にMPS体系に基づく推計を廃止し，SNA体系への
一本化が行われました．

■初期のGDP推計

　GDPを推計し始めた初期段階では，生産・所得アプローチか
らの付加価値推計のみでした．その大きな理由としては，報告
ベースの統計が主に生産側のものであるという既存統計の制約の
側面を指摘できます．また，当時のマクロ経済分析と政策立案に
とって，需要側より供給側に対する関心が高かったことも推察さ
れます．この計画経済期の余韻は今でも中国GDP統計作成に色
濃く残されており，生産・所得アプローチによって推計される各
産業部門付加価値の集計量が基準GDPとされ，経済成長率がこ

▶4　未出版だが，以下の書物からその内容を窺うことができる．
　許憲春（1997）『中国国民経済計算の改革と発展』経済科学出版社
　張塞 主編（1993）『新国民経済計算全書』中国統計出版社
▶5　和訳 李潔訳（2006）『中国国民経済計算体系2002』日本統計研究所
　『統計研究参考資料』No.94

れに基づいて推計されています.

　初期段階では, MPS ベースの指標を加工する形で GDP が推計されました. まず, 物的生産部門については, 純産出額から非物的サービスの投入部分を控除し, 固定資本減耗を加算して推計します. また, 各非物的生産部門については, 政府の決算用資料や税収資料, また給料や就業者統計資料等を利用して付加価値額を推計しました.

■第 1 回経済センサスまでの GDP 統計作成

　1993 年から MPS の放棄に伴い, 基礎資料から直接推計する方式に移行されました. 基礎統計の利用と推計方式のルーティン化が図られ, 1995 年から, 相前後して『中国年次 GDP の推計方法』『中国四半期 GDP の推計方法』及び『中国 GDP 推計マニュアル』などが初めて公表され, さらに 2003 年に目標体系として『中国国民経済核算体系 2002』が公表されました[6].

■第 1 回経済センサス後の GDP 統計作成

　2004 年を対象とする第 1 回経済センサス以後, 標本調査の充実に伴い, GDP 統計を作成するための基礎統計の条件が大きく改善され, 新しい基礎統計に基づく GDP 推計マニュアルとして, 2006 年の『非経済センサス年の国内総生産の推計方法 (試行案)』を経て, 2008 年に『中国非経済センサス年の国内総生産の推計方法』(原語:中国非経済普查年度国内生产总值核算方法) が公

---

[6]　第 1 回経済センサスまでの推計方法については, 許憲春 (著) 作間逸雄 (監修) 李潔 (訳者代表) (2009)『詳説中国 GDP 統計 — MPS から SNA へ』新曜社を参照.

表されました.

　以下では, 経済センサス実施後を中心に, 中国 GDP 統計の作成方法について考察します.

3. 生産側を中心とする中国の GDP 統計作成

　産業連関統計をベースに, 物的推計法の利点を生かせる日本と違って, 中国は 5 年ごとには産業連関表を作成しますが, GDP 統計の作成では, 基礎統計の制約を受け, 年次ベースで産業連関統計を推計することをせず, 基本的に人的推計法によるものです. それを大きく分けると, 生産アプローチまたは所得アプローチに基づく各産業部門の付加価値の推計と, 支出アプローチによる最終使用の各項目に対する推計という 2 つの部分からなります.

　また, 支出側 GDP がより重要視される日本と対照的に, MPS ベースの国民経済計算から出発した中国の GDP 統計は, これまで一貫して生産側の推計を中心としてきました.

■生産・所得アプローチによる産業別付加価値の推計

　各産業 GDP（付加価値）の推計方法には, 産出額から中間投入額を差し引く控除法と, 付加価値の構成項目（分配項目）である雇用者報酬や固定資本減耗などの項目を足し上げる加算法があります. 前者を生産アプローチ, 後者を所得アプローチといいます.

　中国では, これまで GDP 分配項目についての公表がなく, 各産業部門の付加価値のみが公表されてきました. その部門分類として中国の標準産業分類（数次の改訂があったが, 現在では

GB/4754-2017)（コラム㉓を参照）が採用されています．各部門の推計に利用できる基礎統計によって付加価値の推計方法が異なり，一部の産業部門には生産アプローチが，一部の産業部門には所得アプローチが使用されて推計されてきました．その推計式は次のとおりです．

◎生産アプローチによる産業別 GDP（付加価値）

　＝産業別産出額−産業別中間投入額

◎所得アプローチによる産業別 GDP（付加価値）

　＝労働者報酬＋純生産税＋固定資本減耗＋営業余剰

　ここで，「労働者報酬[7]」とは，労働者（就業者）が生産活動に従事することによって報酬として得られる現金または現物の報酬の合計で，それには，公費医療，通勤交通手当と社会保険料などの職場側負担分も含まれます．

　「純生産税」とは，「生産税」から「生産補助金」を差し引いた差額です．「生産税」とは，生産者が生産活動に従事することによって課された税，または生産に用いられる固定資産，土地，労働力などの生産要素に対して課された各種の税金です．具体的には売上税，付加価値税，営業税，印税，不動産税及び車両船舶使用税などが含まれます．「生産補助金」とは，生産者の生産水準

▼7　「労働者報酬」の定義については，これまで紆余曲折があった．経済センサス前は，自営業者が労働者と見なされ，得た収益が丸ごと労働者報酬に含められ，日本の「雇用者報酬」と「混合所得」とを合わせた概念だった．経済センサス後は，1993SNA の新概念である「混合所得」にあたる部分が「営業余剰」とされ，農林水産業を除けば，「労働者報酬」が「雇用者報酬」に対応するようになった．農林水産業では国有や集団所有の農場も含めて，「営業余剰」とせず，得た収益を一括して「労働者報酬」にしている．

や商品の価格水準に関与することを目的とする政府からの移転支出を指し，政策的損失補助金や価格補助金が含まれます．

「固定資本減耗[8]」は，生産過程で消耗した固定資産の価値，あるいはその帰属計算値です．企業や企業のように管理されている事業単位の固定資産減価償却は実際に計上される予定の減価償却額が使用され，減価償却を計上しない経済主体，例えば，政府機関，企業のように管理されていない事業単位と家計持ち家住宅の固定資産減価償却は，統一的に規定された減耗率と固定資産取得価額で減耗額が帰属計算されます．

「営業余剰」とは，付加価値からその上に記載されている労働者報酬，純生産税及び固定資本減耗引当を差し引いた差額ですが，所得アプローチによる産業別 GDP を推計する場合，基本的に経済センサス年の資料や投入産出調査資料などの資料に基づき，産出額（あるいは付加価値）に対する当該産業の営業余剰率を推計し，それを当該産業の産出額（あるいは付加価値）に乗じることで算出されます．

経済センサス以後，基本的にすべての産業に対して，2つのアプローチに基づく推計が行われるようになりましたが，そのうち，全体 GDP の4割を占める鉱工業の基準付加価値については，一定規模以上の企業の場合，生産アプローチによる推計結果と所得アプローチによる推計結果との単純算術平均が最終的な推計値に使用されます．ただし，地域 GDP 推計の場合は，生産アプローチによる推計結果に 0.75，所得アプローチによる推計結

▼8　1993SNA では，固定資本減耗はその固定資産が使用される時点の当期市場価格，いわゆる「再調達費用価格」によって評価することとされているが，中国は基本的に未対応である．

果に 0.25 のウエイトを付けた加重算術平均が最終的な推計値とされます. また, 一定規模以下の企業及び副次的生産活動の場合は, 所得アプローチによる推計結果が最終的な推計値に使われます. GDP 全体の約 1 割強である農林水産業だけは生産アプローチによる推計結果が最終的な推計値に使用され, GDP の 5 〜 7% を占める建設業, GDP の 4 割強となってきた第三次産業のほとんどの産業は, 所得アプローチによる推計結果が最終的な推計値に使用されます.

■支出アプローチによる最終使用項目の推計

前述したように, GDP を推計し始めた初期段階では, 需要側の推計は行われませんでした. 1989 年に内部的試算が始められ, 1993 年に正式に支出系列の推計が開始されました. その推計方法は, 日本で普及しているコモ法とは異なり, 産業連関統計との連携がなく, いわゆる人的推計法 (支出アプローチともいう) によるものです.

公表形式としては, 生産・所得アプローチによって推計される各産業部門付加価値の集計値を基準「国内総生産 (原語:国内生産総値)」としながら, 支出アプローチによって推計される各最終使用項目の合計が, 「支出アプローチによる国内総生産 (原語:支出法国内生産総値)」という修飾語を付ける形で別表として公表されています[9]. 公表される支出系列の項目が非常に粗く, 「最終消費支出」「総資本形成」と「財貨・サービスの純輸出」の 3 項のみです. 別表「支出アプローチによる国内総生産の

▼9 つまり, 日本のように「統計上の不突合」を表章する形がとられていない.

構成」には，「最終消費支出」と「総資本形成」の，大まかな内訳が示されています．また，第1回経済センサス以降，「家計消費支出」だけですが，かなり詳細な内訳項目が公表されるようになりました．

　「最終消費支出」は「家計消費支出」と「政府消費支出」からなります[10]．そのうち，「家計消費支出」についての公表がもっとも詳細で，都市と農村の消費パターンが大きく異なるという中国の実情を反映する形で，大きく「農村部家計消費支出」と「都市部家計消費支出」に分けられ，それぞれ食料，被服・履物，住居・電気・ガス・水道，家具・家庭用機器・家事サービス，保健・医療，交通・通信，教育・教養・娯楽，金融仲介サービス，保険サービスとその他消費支出の10費目で公表されています[11]．また，「政府消費支出」は1項目のみで，政府部門に非営利事業団体も含まれ，各種決算資料に基づいて推計されます．

　「総資本形成」は「総固定資本形成」と「在庫純増」の2項目からなります．「総固定資本形成」は有形総固定資本形成と無形総固定資本形成に大別され，そのうち，無形総固定資本形成には鉱物埋蔵量の探査やコンピューター・ソフトウェアなどの取得－処分が含まれます．「在庫純増」は在庫物量の増減を市場価格で評価したもので，産業別の会計資料などにより推計されますが，

---

[10]　日本の「民間最終消費支出」のうちの「対家計民間非営利団体最終消費支出」に相当する部分は，中国では「政府消費支出」に計上されている．また，1993SNA により二重の消費概念，すなわち，最終消費支出のほかに，「現実最終消費」という概念が新設されているが，中国ではこの概念はまだ導入されていない．

[11]　推計マニュアルでは，さらに公費医療，持ち家住宅，現物給付などの細項目が示されているが，統計の公表に至っていない．

その際に期首在庫額に対し、価格指数を用いて、期末価格表示値に変換した上で使用されるので、当期価格変動によって発生した保有利得を控除したものになっています.

「財・サービスの純輸出」は、輸出と輸入についてのそれぞれの表章がなく、「純」項目のみ公表されていますが、それは国際収支統計にある、米ドル表示のものを年平均為替レートで人民元に表示を変えただけなので、輸出入の内訳や、とりわけサービスの輸出入の細目については、国際収支統計から読むことができます.

■日中 GDP 推計のまとめ

以上の日本と中国の GDP 統計の作成過程の相違を図8-2にまとめています. 大きな特徴として、日本の GDP 統計作成は,

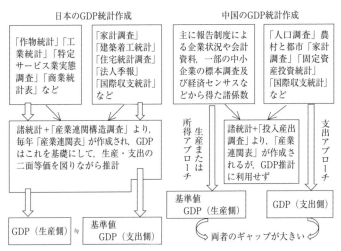

図8-2　日中 GDP の作成過程の相違（概念図）

産業連関統計がフィルターの役割を果たし，生産側・支出側の
GDP が，前者は付加価値法，後者はコモ法によって推計され，
本来の三面の「統計上の不突合」は産業連関統計作成の過程で調
整されています．一方，中国の GDP 統計作成は産業連関統計と
の連携がほとんどなく，諸統計から人的推計法より生産側 GDP
と支出側 GDP が導かれるため，両者の開きが大きくなります．

4. 帰属家賃の推計についての日中比較

　帰属家賃は SNA における特殊な概念で，日本の GDP の約 1
割を占めています．日本と中国の帰属家賃の推計方法は大きく異
なりますので，推計方法により GDP の数値に大きく影響する一
つの事例として，ここで取り上げます．

　SNA では，基本的に市場向けに（他の経済主体に提供するた
めに）行われる財・サービスの生産活動だけが GDP の生産境
界の内側に定義されています．一方，他の経済主体に提供せず，
家計自身が生産し，消費する持ち家住宅サービスについては，
SNA では従来それを例外的に生産の境界内に含めています．そ
の理由は次のように提示されています．

　「賃貸住宅に対する持家住宅の比率は各国間で，さらにひとつ
の国の中でも短期間についてさえ大きく異なることがある．した
がって，住宅サービスの生産と消費の国際比較および時間比較
は，自己勘定住宅サービスの価額について帰属が行われないなら
ば，歪められたものとなる」(1993SNA，6.29 段より)．

　ここでは GDP の国際比較や経済成長の分析には，持ち家住宅
サービスの帰属計算が必要不可欠であることが明確に示されてい

ます.

他の経済主体に提供しない持ち家住宅サービスには, 当然ながら市場価格が存在しません. その帰属計算について SNA では基本的に市場家賃アプローチを勧告しています. また,「信頼できる市場価格が得られない場合には」, 次善の接近法としてコストアプローチを勧告しています.

日本を含め, 主要国は基本的に前者の市場家賃アプローチ(地代を内含)を採用していますが, 中国は現時点ではまだ後者のコストアプローチ(主に建物の減価償却)によって持ち家住宅サービスの推計を行っています.

■日本の帰属家賃の推計

日本で長年利用されてきた推計方法は非常にシンプルな市場家賃アプローチでした.

まず, 賃貸住宅と持ち家住宅を一括して,

総家賃＝$1m^2$ 当たり全国平均家賃×総床面積

で求め, 次に, それを持ち家床面積比率(全床面積の約8割)で按分して持ち家の帰属家賃を算出します.

2005年に行われた1995年から2000年への基準改訂の際には, その推計方法について, 地域別(47都道府県)の家賃単価と床面積を使う見直しが行われました. そのため, 2003年の不動産業付加価値(そのうち, 持ち家住宅サービス業付加価値が約7割)が69.15兆円から59.64兆円に下方修正となりました.

また, 2010年に行われた2005年に基準改訂を行う際には, 地域別の上にさらに構造別(木造・非木造), 建築時期(①終戦前, ②終戦時-1960年, ③1961-70年, ④1971-80年…, ⑦2001

年−）の家賃単価と床面積に細分化して推計するようになりました．そのため，2003 年の不動産業付加価値がさらに 53.58 兆円に下方修正となりました．

■中国の帰属家賃の推計

中国では計画経済期から長い間，福祉型の住宅は自由に売買できず，無期限で，定年や死亡と関係なしに本人及び家族が住み続けました．GDP 推計を開始した 1985 年頃にはまだ賃貸住宅市場がほとんど存在しませんでした．そのため，住宅サービス全体がコストアプローチによって推計されてきました．

そのコストアプローチとは，住宅ストックに対する固定資本減耗の部分のみが含まれ，それ以外のコストが考慮されていないものでした．つまり，持ち家住宅サービスはその持ち家住宅の帰属減耗額に等しいのです．住宅の属性を大きく農村部住宅と都市部住宅に分け，2004 年まで農村部住宅の減価償却率 2%，都市部住宅 4% として推計されていました．この推計方法では，2003 年不動産業付加価値が 3.33 兆円（日本の約 20 分の 1 相当）でした．

第 1 回経済センサスの後に，基礎データと減価償却率（農村部住宅 3%，都市部住宅 2% に変更）の見直しや，また，持ち家住宅サービスについて，都市部に修理維持費と管理費，農村部に修理維持費を新たに計上するようになったことで，2003 年の不動産業付加価値[12] は 8.64 兆円に上方修正となりました．

---

[12]　その内訳は，第 1 回経済センサス年 2004 年についてのみ公表されており，持ち家住宅サービス業付加価値が不動産業に占める割合は 56.6% であった．

中国の住宅事情は 1980 年代後半に比べ様変わりしています. 今後, 住宅賃貸市場の発展にともなって, どこかの時点で市場家賃アプローチの導入が考えられます. その際に不動産業付加価値や家計最終消費支出の推計額がさらに修正される可能性があります.

この事例から基礎データや推計方法が, 推計値である GDP にいかに大きく影響するかがわかります.

5. 日中の実質 GDP 推計と経済成長率の算出

実質 GDP の推計方法についても日本と中国は大きく異なっています (日本と中国の実質 GDP 推計と経済成長率の算出についての概要はコラム⑭を参照).

■日本の実質 GDP 推計と経済成長率の算出

名目 GDP の推計と同様, 日本の実質 GDP の推計にも産業連関統計が重要な役割を果たしています. また, 第 4 章にも述べたように日本の物価指数に関する統計は非常に充実しています.

支出側 GDP の実質化にあたって, 約 2,000 品目に対応する各種物価指数が用いられています. 従来は固定基準方式でしたが, 2005 年からさらに連鎖方式も導入して, 各需要項目実質値を求め, その連鎖方式による集計値を基準実質 GDP とし, これを用いて経済成長率が算出されます.

また, 約 400 品目の産出額と中間投入の名目値をそれぞれデフレートし, その実質値の差額として実質付加価値額を求めます. 生産側の実質 GDP がダブルデフレーション法で算出される

ことによって，実質 GDP の二面等価が図られています.

■中国の実質 GDP 推計と経済成長率の算出

　支出系列の公表は名目値に限定されています. 実質値によって算出される各需要項目（「最終消費支出」「総資本形成」と「財貨・サービスの純輸出」という 3 項目）の経済成長率への寄与度と寄与率だけが公表されますが，支出側 GDP と各需要項目の実質値が公表されていないため，実質 GDP の二面等価についての比較ができません.

　GDP 推計マニュアルでは，支出側 GDP の需要項目は，「家計最終消費支出」（そのうち，農村部 12 項目，都市部 13 項目），「政府最終消費支出」「総固定資本形成」（7 項目），「在庫純増」（7 項目）と「財貨・サービスの純輸出」（そのうち，財の輸出と輸入それぞれ 3 項目，サービスの輸出と輸入それぞれ 8 項目）に細分化され，当期価格表示値を求めた上で，それぞれ対応する価格指数でデフレートするとしています.

　経済成長率は生産側の実質 GDP から算出されます. 年次ベースの産業連関表がないため，ダブルデフレーション法を利用せず，各産業の付加価値は主としてシングルデフレーション法，一部は数量指数を使った外挿法によって推計されています.

6. 対照的な日中の四半期 GDP 速報

　日中とも年次 GDP 確報と四半期 GDP 速報の 2 つからなります. 四半期 GDP 速報はカレントな景気判断を行うための基礎資料となることを目的としており，もっとも注目度の高い統計とい

えます.

■日本の四半期 GDP 速報

　日本の「四半期別 GDP 速報（QE：Quarterly Estimates）」は，従来，支出系列が重視され，基準年をベースにした確報の暦年値に基づき，主として「家計調査」や「四半期別法人企業統計調査」など需要側統計で延長推計が行われてきました．2002 年から，供給側統計が充実してきた統計環境の変化に対応し，「生産動態統計調査」や「特定サービス産業動態統計調査」など供給側統計を活用して，年次推計に使われるコモ法に近い推計方法も導入され，公表時期の早期化が図られました．2004 年に実質化手法について年次ベースと同様，四半期ベースにも連鎖方式が導入されました．支出系列及び雇用者報酬について，当該四半期終了後から 1 カ月と 2 週間程度後に 1 次速報が，その約 1 カ月後にさらに 2 次速報が公表されます．

　日本の QE が従来支出側のみで，生産側・分配側からの推計が行われてこなかった一番大きな理由は，U 表を四半期延長推計することが困難なことです．主要先進国で生産側や分配側の推計が四半期で公表されていないのは，日本のみであったため，内閣府は，生産側の整備とともに所得側推計を加え，三面等価に基づく四半期別国民経済計算（QNA：Quarterly National Accounts）の構築を急務としてきました．検討を重ねた結果，現行の支出側 GDP 等に加え，2022 年 7 月にようやくシングルインディケーターによる「生産側系列の四半期速報（生産 QNA）（参考系列）」の公表にたどり着きました．

■中国の四半期 GDP 速報

　中国の四半期 GDP 推計の歴史は 1992 年から始まります．日本の支出側 QE と対照的に，中国は生産側 GDP のみの推計を行っています．

　基礎統計の制約を受け，2015 年第 2 四半期まで四半期別の GDP 推計ではなく，四半期累計推計方式が採用されてきましたが，中国経済が世界から注目される中，内外の指摘を受け，数年間の準備期間を経て，2015 年 10 月に経済統計に対して IMF が定めた特別データ公表基準（SDDS：Special Data Dissemination Standards）を採用することに伴い，第 3 四半期 GDP から四半期別の推計値を公表開始するようになりました．

　四半期 GDP は三次産業（三次産業の定義は日本と異なる．コラム㉒と㉓を参照）と産業別という二重分類の形で公表しています．後者は中国の標準産業分類（GB/T4754-2017）に基づくものですが，一部の産業を統合し，11 産業部門となっています．名目値は付加価値率法[13]と増加率外挿法[14]などにより推計され，また，不変価格表示値はシングルインディケータ（シングルデフレーションあるいは数量外挿法）で推計されます．

　1 次速報は主要先進国が当該四半期終了後からおおよそ 4 ～ 6 週間を要することに対し，中国ではわずか 15 日程度の後に公表されます．そのスピードの実現は国家統計局という集中型統計機構と従来の統計報告制度が原因だと考えられます．

---

[13]　付加価値率法による当期価格表示付加価値
　　　＝当期価格表示産出額×当期価格表示付加価値率
[14]　増加率外挿法による当期価格表示付加価値
　　　＝前年同期の当期価格表示付加価値×当期価格表示産出額の増加率

市場経済の浸透に伴い, 需要側の四半期別 GDP に対するニーズが強くなると予想されます. 四半期支出側 GDP の推計が今後の課題になるでしょう.

コラム㉒　日本標準産業分類（JSIC）

日本標準産業分類（JSIC：Japan Standard Industrial Classification）は 1949 年に初めて設定され, その後改定を重ね, 現行分類は 2013 年の第 13 回改定のものです.

日本標準産業分類（JSIC）（2013 年改定）

	大分類	中分類数	小分類数	細分類数
第一次	A. 農業, 林業	2	11	33
	B. 漁業	2	6	21
第二次	C. 鉱業, 採石業, 砂利採取業	1	7	32
	D. 建設業	3	23	55
	E. 製造業	24	177	595
第三次産業	F. 電気・ガス・熱供給・水道業	4	10	17
	G. 情報通信業	5	20	45
	H. 運輸業, 郵便業	8	33	62
	I. 卸売業, 小売業	12	61	202
	J. 金融業, 保険業	6	24	72
	K. 不動産業, 物品賃貸業	3	15	28
	L. 学術研究, 専門・技術サービス業	4	23	42
	M. 宿泊業, 飲食サービス業	3	17	29
	N. 生活関連サービス業, 娯楽業	3	23	69
	O. 教育, 学習支援業	2	16	35
	P. 医療, 福祉	3	18	41
	Q. 複合サービス事業	2	6	10
	R. サービス業(他に分類されないもの)	9	34	66
	S. 公務（他に分類されるものを除く）	2	5	5
	T. 分類不能の産業	1	1	1
計	20	99	530	1,460

＊日本では, 一般的に「F.電気・ガス・熱供給・水道業」は第三次産業とされることが多い.

コラム㉓　中国の標準産業分類（GB/T4754）

中国の標準産業分類として，「国民経済行業分類（Industrial classification for national economic activities）」があります．1984年の初版以降，1994年，2002年と 2011年の改定を経て，現行分類は 2017年の第5回改定のものです．

中国の標準産業分類　（GB/T4754-2017）（2017年改定）

	大分類	中分類数	小分類数	細分類数
第一次	A．農林漁業	5	24	72
第二次	B．鉱業	7	19	39
	C．製造業	31	179	609
	D．電気・ガス・熱供給・水道業	3	9	18
	E．建設業	4	18	44
第三次産業	F．卸売・小売業	2	18	128
	G．運輸業，郵便業	8	27	67
	H．宿泊業，飲食サービス業	2	10	16
	I．情報通信業	3	17	34
	J．金融業	4	26	48
	K．不動産業	1	5	5
	L．物品賃貸及び対事業所サービス	2	12	58
	M．学術研究，専門・技術サービス業	3	19	48
	N．水利・環境及び公共施設管理業	4	18	33
	O．生活関連サービス業	3	16	32
	P．教育	1	6	17
	Q．保健衛生及び社会事業	2	6	30
	R．娯楽サービス業	5	27	48
	S．公務・社会保障及びその他の公共サービス	6	16	34
	T．国際機関	1	1	1
計	20	97	473	1,381

＊中国では，「D．電気・ガス・熱供給・水道業」が日本とは異なり，第二次産業に含まれる．

コラム㉔　日中産業連関表の比較

　中国は日本と同じく5年ごとに産業連関表を作成しますが，作表対象年次は日本と違って，西暦末尾が2と7の年です．また，中間年である0と5の年に延長表も作成されます．付録3と付録4に，三次産業の分類（産業の定義はコラム㉒日本標準産業分類を参照）に簡略化した日本と中国の2020年産業連関表を示しています．

　中国GDP統計の公表は生産側と支出側なので，分配側の構造が見られるのは産業連関表作成対象年次だけになります．日本と中国の生産側，分配側，支出側GDPのそれぞれの構成比を次の表に示します．

2020年日中GDP構成の比較（%）

	日本	中国
生産側 GDP		
第一次産業	1.04	8.08
第二次産業	24.25	34.90
第三次産業	74.71	57.02
分配側 GDP		
固定資本減耗	25.29	14.81
生産に課される税（純）	8.02	8.81
雇用者報酬	52.82	52.10
営業余剰	13.86	24.27
支出側 GDP		
最終消費	75.19	54.86
総資本形成	26.96	42.65
純輸出	−2.15	2.49

　日本の平均付加価値率54.8%に対し，中国は35.7%でまだかなり低いといえます．言い換えれば，中国は中間投入率が高いので，経済波及効果分析に使う逆行列係数が日本より大きいと読み取れます．

2020 年日本 $[I-(I-\hat{M})A]^{-1}$ 型逆行列係数

	第一次産業	第二次産業	第三次産業	行和	感応度係数
第一次産業	1.1334	0.0355	0.0069	1.1758	0.6530
第二次産業	0.3840	1.5855	0.1561	2.1257	1.1804
第三次産業	0.3493	0.3602	1.3914	2.1009	1.1667
列和	1.8668	1.9813	1.5544		
影響力係数	1.0366	1.1002	0.8632		

2020 年中国 $[I-(I-\hat{M})A]^{-1}$ 型逆行列係数

	第一次産業	第二次産業	第三次産業	行和	感応度係数
第一次産業	1.2080	0.1643	0.0546	1.4269	0.5228
第二次産業	0.6313	2.6791	0.6749	3.9853	1.4601
第三次産業	0.3194	0.7627	1.6940	2.7761	1.0171
列和	2.1587	3.6062	2.4234		
影響力係数	0.7909	1.3212	0.8879		

付録 1

指数算式について

■価格指数

n 種類ある商品（i）の全体について，基準時点（0）に購入する数量（q_0）と同じ数量を比較時点（t）でも購入すると仮定して，基準時点の価格（p_0）から比較時点の価格（p_t）への価格の変化を表すのがラスパイレス価格指数（P_{0t}^{L}）です．一方，比較時点（t）に購入する数量（q_t）と同じ数量を基準時点（0）でも購入したと仮定して，基準時点の価格（p_0）から比較時点の価格（p_t）への価格の変化を表すのがパーシェ価格指数（P_{0t}^{P}）です．フィッシャー価格指数（P_{0t}^{F}）はラスパイレス価格指数とパーシェ価格指数の幾何平均です．

$$P_{0t}^{L} = \frac{\displaystyle\sum_{i=1}^{n} p_{it}q_{i0}}{\displaystyle\sum_{i=1}^{n} p_{i0}q_{i0}} = \frac{p_{1t}q_{10} + p_{2t}q_{20} + \cdots + p_{nt}q_{n0}}{p_{10}q_{10} + p_{20}q_{20} + \cdots + p_{n0}q_{n0}}$$

$$P_{0t}^P = \frac{\displaystyle\sum_{i=1}^{n} p_{it}q_{it}}{\displaystyle\sum_{i=1}^{n} p_{i0}q_{it}} = \frac{p_{1t}q_{1t} + p_{2t}q_{2t} + \cdots + p_{nt}q_{nt}}{p_{10}q_{1t} + p_{20}q_{2t} + \cdots + p_{n0}q_{nt}}$$

$$P_{0t}^F = \sqrt{P_{0t}^L \times P_{0t}^P}$$

■数量指数

価格指数と同様に，ラスパイレス数量指数（Q_{0t}^L），パーシェ数量指数（Q_{0t}^P），フィッシャー数量指数（Q_{0t}^F）の各算式は以下のようになります．

$$Q_{0t}^L = \frac{\displaystyle\sum_{i=1}^{n} p_{i0}q_{it}}{\displaystyle\sum_{i=1}^{n} p_{i0}q_{i0}} = \frac{p_{10}q_{1t} + p_{20}q_{2t} + \cdots + p_{n0}q_{nt}}{p_{10}q_{10} + p_{20}q_{20} + \cdots + p_{n0}q_{n0}}$$

$$Q_{0t}^P = \frac{\displaystyle\sum_{i=1}^{n} p_{it}q_{it}}{\displaystyle\sum_{i=1}^{n} p_{it}q_{i0}} = \frac{p_{1t}q_{1t} + p_{2t}q_{2t} + \cdots + p_{nt}q_{nt}}{p_{1t}q_{10} + p_{2t}q_{20} + \cdots + p_{nt}q_{n0}}$$

$$Q_{0t}^F = \sqrt{Q_{0t}^L \times Q_{0t}^P}$$

■時点逆転テスト

各算式による価格指数，数量指数が時点逆転テストをパスするかどうかの代数的な証明を以下に示します．次のように個々の商

品を示す添字 i を省略して記述します.

$$P_{0t}^L = \frac{\sum p_t q_0}{\sum p_0 q_0}, \quad P_{0t}^P = \frac{\sum p_t q_t}{\sum p_0 q_t},$$

$$Q_{0t}^L = \frac{\sum p_0 q_t}{\sum p_0 q_0}, \quad Q_{0t}^P = \frac{\sum p_t q_t}{\sum p_t q_0}$$

ラスパイレス価格指数（時点逆転テストをパスしない）

$$P_{0t}^L \times P_{t0}^L = \frac{\sum p_t q_0}{\sum p_0 q_0} \times \frac{\sum p_0 q_t}{\sum p_t q_t} \neq 1$$

パーシェ価格指数（時点逆転テストをパスしない）

$$P_{0t}^P \times P_{t0}^P = \frac{\sum p_t q_t}{\sum p_0 q_t} \times \frac{\sum p_0 q_0}{\sum p_t q_0} \neq 1$$

フィッシャー価格指数（時点逆転テストをパスする）

$$P_{0t}^F \times P_{t0}^F = \sqrt{P_{0t}^L \times P_{0t}^P} \times \sqrt{P_{t0}^L \times P_{t0}^P}$$

$$= \sqrt{\frac{\sum p_t q_0}{\sum p_0 q_0} \times \frac{\sum p_t q_t}{\sum p_0 q_t}} \times \sqrt{\frac{\sum p_0 q_t}{\sum p_t q_t} \times \frac{\sum p_0 q_0}{\sum p_t q_0}} = 1$$

ラスパイレス数量指数（時点逆転テストをパスしない）

$$Q_{0t}^L \times Q_{t0}^L = \frac{\sum p_0 q_t}{\sum p_0 q_0} \times \frac{\sum p_t q_0}{\sum p_t q_t} \neq 1$$

パーシェ数量指数（時点逆転テストをパスしない）

$$Q_{0t}^P \times Q_{t0}^P = \frac{\sum p_t q_t}{\sum p_t q_0} \times \frac{\sum p_0 q_0}{\sum p_0 q_t} \neq 1$$

フィッシャー数量指数（時点逆転テストをパスする）

$$Q_{0t}^F \times Q_{t0}^F = \sqrt{Q_{0t}^L \times Q_{0t}^P} \times \sqrt{Q_{t0}^L \times Q_{t0}^P}$$

$$= \sqrt{\frac{\sum p_0 q_t}{\sum p_0 q_0} \times \frac{\sum p_t q_t}{\sum p_t q_0}} \times \sqrt{\frac{\sum p_t q_0}{\sum p_t q_t} \times \frac{\sum p_0 q_0}{\sum p_0 q_t}} = 1$$

■要素逆転テスト

n 種類ある商品（i）の全体について，基準時点（0）から比較時点（t）への金額（価格×数量）の変化を表す金額指数を V_{0t} と表記します．

$$V_{0t} = \frac{\displaystyle\sum_{i=1}^{n} p_{it} q_{it}}{\displaystyle\sum_{i=1}^{n} p_{i0} q_{i0}} = \frac{p_{1t} q_{1t} + p_{2t} q_{2t} + \cdots + p_{nt} q_{nt}}{p_{10} q_{10} + p_{20} q_{20} + \cdots + p_{n0} q_{n0}} = \frac{\sum p_t q_t}{\sum p_0 q_0}$$

各算式による価格指数と数量指数の積が金額指数になるかどうか，すなわち要素逆転テストをパスするかどうかの代数的な証明を以下に示します．

ラスパイレス価格指数・数量指数（要素逆転テストをパスしない）

$$P_{0t}^L \times Q_{0t}^L = \frac{\sum p_t q_0}{\sum p_0 q_0} \times \frac{\sum p_0 q_t}{\sum p_0 q_0} \neq V_{0t}$$

パーシェ価格指数・数量指数（要素逆転テストをパスしない）

$$P_{0t}^{P} \times Q_{0t}^{P} = \frac{\sum p_t q_t}{\sum p_0 q_t} \times \frac{\sum p_t q_t}{\sum p_t q_0} \neq V_{0t}$$

フィッシャー価格指数・数量指数（要素逆転テストをパスする）

$$P_{0t}^{F} \times Q_{0t}^{F} = \sqrt{P_{0t}^{L} \times P_{0t}^{P}} \times \sqrt{Q_{0t}^{L} \times Q_{0t}^{P}}$$

$$= \sqrt{\frac{\sum p_t q_0}{\sum p_0 q_0} \times \frac{\sum p_t q_t}{\sum p_0 q_t}} \times \sqrt{\frac{\sum p_0 q_t}{\sum p_0 q_0} \times \frac{\sum p_t q_t}{\sum p_t q_0}}$$

$$= \sqrt{\frac{\sum p_t q_t}{\sum p_0 q_0} \times \frac{\sum p_t q_t}{\sum p_0 q_0}} = \frac{\sum p_t q_t}{\sum p_0 q_0} = V_{0t}$$

（黒子正人）

付録2

行列計算入門

行列とは，次のようにタテやヨコに並んだ数字をカッコで囲んだものをいいます．行列を構成する個々の数のことを行列の要素といいます．

某企業1月工場別商品出荷額

	a商品	b商品	c商品
A工場	15	0	30
B工場	20	40	10

$\Longrightarrow$ 2行3列の行列

$$\begin{pmatrix} 15 & 0 & 30 \\ 20 & 40 & 10 \end{pmatrix}$$

任意の m 行 n 列の行列（または $m \times n$ 行列）A を次のように表します．

$$A = \begin{pmatrix} a_{11} & \cdots & a_{1j} & \cdots & a_{1n} \\ \vdots & & \vdots & & \vdots \\ a_{i1} & \cdots & a_{ij} & \cdots & a_{in} \\ \vdots & & \vdots & & \vdots \\ a_{m1} & \cdots & a_{mj} & \cdots & a_{mn} \end{pmatrix}$$

$m = n$ の場合を**正方行列**といいます．$m = 1$ の場合は，**行ベクトル**といいます（例えば，上の A 工場の商品別出荷額）．$n = 1$ の場合は，**列ベクトル**といいます（例えば，上の a 商品の工場別出荷額）．$m = 1$ かつ $n = 1$ の場合は，**スカラー**といいます．

■行列の同等

2つの行列 A, B の行数と列数が等しく，対応する要素もそれぞれ等しい時に，2つの行列が等しいといい，$A = B$ と書きます.

$$A = \begin{pmatrix} a_{11} & a_{12} \\ a_{21} & a_{22} \end{pmatrix} \qquad B = \begin{pmatrix} b_{11} & b_{12} \\ b_{21} & b_{22} \end{pmatrix}$$

$a_{ij} = b_{ij}$ (for all i, j) のとき，$A = B$

■行列の和と差

2つの行列 A, B の行数と列数が等しく，対応する要素どうしの和と差で定義します. 異なるサイズの行列どうしについては，行列の和と差は定義できません.

$$A \pm B = \begin{pmatrix} a_{11} \pm b_{11} & a_{12} \pm b_{12} \\ a_{21} \pm b_{21} & a_{22} \pm b_{22} \end{pmatrix}$$

■行列のスカラー倍（実数と行列の積）

行列 A を s 倍することをスカラー倍といいます. 行列のすべての要素を s 倍した行列に等しいです.

$$sA = \begin{pmatrix} sa_{11} & sa_{12} \\ sa_{21} & sa_{22} \end{pmatrix}$$

■行ベクトルと列ベクトルの積（内積）

同じ次数の行ベクトルに，列ベクトルを右から掛けたものを内積といい，2つのベクトルの対応する要素の積に関する和として次のように求められます.

$$\begin{pmatrix} a_1 & a_2 \end{pmatrix} \cdot \begin{pmatrix} b_1 \\ b_2 \end{pmatrix} = a_1 b_1 + a_2 b_2$$

■行列と行列の積

前の行列 A の列数と後ろの行列 B の行数が等しい時に限り,行列の積 AB が定義できます.

$$AB = \begin{pmatrix} a_{11} & a_{12} & a_{13} \\ a_{21} & a_{22} & a_{23} \end{pmatrix} \cdot \begin{pmatrix} b_{11} & b_{12} \\ b_{21} & b_{22} \\ b_{31} & b_{32} \end{pmatrix}$$

$$= \begin{pmatrix} Aの第1行とBの第1列の内積 & Aの第1行とBの第2列の内積 \\ Aの第2行とBの第1列の内積 & Aの第2行とBの第2列の内積 \end{pmatrix}$$

$$= \begin{pmatrix} a_{11}b_{11} + a_{12}b_{21} + a_{13}b_{31} & a_{11}b_{12} + a_{12}b_{22} + a_{13}b_{32} \\ a_{21}b_{11} + a_{22}b_{21} + a_{23}b_{31} & a_{21}b_{12} + a_{22}b_{22} + a_{23}b_{32} \end{pmatrix}$$

行列の積について交換法則は成立せず,一般に $AB \neq BA$.

■零行列

すべての要素が 0 の行列は零行列といい,O と表します.

$$A + O = O + A = A, \ AO = O, \ OA = O$$

■単位行列

正方行列で左上から右下にいたる対角線上の要素がすべて 1 で,その他の要素がすべて 0 の行列を単位行列といい,I で表します.

$$AI = IA = A$$

■転置行列

行列の A の行と列を入れ替えた行列を転置行列といい,A' と表します.

$$A = \begin{pmatrix} a_{11} & a_{12} \\ a_{21} & a_{22} \end{pmatrix} \quad \text{のとき,} \quad A' = \begin{pmatrix} a_{11} & a_{21} \\ a_{12} & a_{22} \end{pmatrix}$$

転置行列には次のような性質があります.

$$(A + B)' = A' + B'$$

$$(AB)' = B'A'$$

$$(A')' = A$$

■逆行列

正方行列 A に対して同じ次数の正方行列を左から掛けても右から掛けてもその積が単位行列になるとき,この行列を A の逆行列といい,A^{-1} で表します.すなわち,

$$AA^{-1} = A^{-1}A = I$$

2次の正方行列の逆行列 A^{-1} は次のように求めることができます. A^{-1} の各要素を未知数として,$A^{-1} = \begin{pmatrix} x_{11} & x_{12} \\ x_{21} & x_{22} \end{pmatrix}$ とおくと,

$$\begin{pmatrix} a_{11} & a_{12} \\ a_{21} & a_{22} \end{pmatrix} \cdot \begin{pmatrix} x_{11} & x_{12} \\ x_{21} & x_{22} \end{pmatrix} = \begin{pmatrix} a_{11}x_{11} + a_{12}x_{21} & a_{11}x_{12} + a_{12}x_{22} \\ a_{21}x_{11} + a_{22}x_{21} & a_{21}x_{12} + a_{22}x_{22} \end{pmatrix}$$

$$= \begin{pmatrix} 1 & 0 \\ 0 & 1 \end{pmatrix}$$

となります.したがって,次の4元連立1次方程式を解けばよいのです.

$$\begin{cases} a_{11}x_{11} + a_{12}x_{21} = 1 \\ a_{11}x_{12} + a_{12}x_{22} = 0 \\ a_{21}x_{11} + a_{22}x_{21} = 0 \\ a_{21}x_{12} + a_{22}x_{22} = 1 \end{cases}$$

行列の次数が増えると,逆行列の計算が膨大になることが想像

できます．しかし，エクセルなどの表計算ソフトを使えば，逆行列が簡単に計算できます．

逆行列は必ずしも存在するとは限りません．A^{-1} が存在するとき，A は正則，または可逆であるといいます．

■連立 1 次方程式と逆行列

次のような連立 1 次方程式は

$$\begin{cases} a_{11}x_1 + \cdots + a_{1n}x_n = b_1 \\ \quad\vdots \qquad\qquad \vdots \quad\ \vdots \\ a_{n1}x_1 + \cdots + a_{nn}x_n = b_n \end{cases}$$

逆行列を使って，その解が次式のように簡単に書けます．

$$AX = B \quad \Longrightarrow \quad X = A^{-1}B$$

ただし，

$$A = \begin{pmatrix} a_{11} & \cdots & a_{1n} \\ \vdots & \ddots & \vdots \\ a_{n1} & \cdots & a_{nn} \end{pmatrix},\ X = \begin{pmatrix} x_1 \\ \vdots \\ x_n \end{pmatrix},\ B = \begin{pmatrix} b_1 \\ \vdots \\ b_n \end{pmatrix}$$

A を係数行列，X を未知数ベクトル，B を定数ベクトルといいます．

付録 3

日本 2020 年産業連関表（単位：100 億円）

	第一次産業	第二次産業	第三次産業	内生部門計	最終消費	総資本形成	輸出	(控除)輸入	産出額
第一次産業	163	782	165	1,110	334	22	10	−231	1,245
第二次産業	302	14,438	5,516	20,255	5,512	9,979	5,688	−7,478	33,956
第三次産業	221	5,734	16,932	22,887	34,474	4,454	2,796	−1,937	62,673
内生部門計	685	20,954	22,613	44,252	40,319	14,455	8,493	−9,646	97,874
固定資本減耗	186	3,432	9,945	13,563					
生産に課される税（純）	−17	1,591	2,728	4,302					
雇用者報酬	241	7,501	20,583	28,325					
営業余剰	150	478	6,804	7,432					
付加価値計	560	13,002	40,060	53,622					
産出額	1,245	33,956	62,773	97,874					

資料：内閣府「2020 年 SNA 産業連関表」より作成

注：この表の産業分類の定義はコラム㉒日本標準産業分類（JSIC）を参照.

付録 4

中国 2020 年産業連関表（単位：100 億円）

換算為替レート：1 元 = 15.48 円

	第一次産業	第二次産業	第三次産業	内生部門計	最終消費	総資本形成	輸出	（控除）輸入	産出額
第一次産業	2,835	10,687	1,258	14,780	5,424	1,122	281	−995	20,613
第二次産業	3,443	115,926	26,767	146,136	18,838	55,214	23,074	−21,361	221,901
第三次産業	1,616	40,383	57,530	99,529	62,053	10,768	5,734	−2,822	175,261
内生部門計	7,893	166,997	85,555	260,446	86,314	67,103	29,089	−25,178	417,774
固定資本減耗	357	6,677	16,275	23,308					
生産に課される税（純）	−705	8,403	6,167	13,866					
雇用者報酬	12,710	22,800	46,460	81,970					
営業余剰	358	17,024	20,803	38,185					
付加価値計	12,720	54,904	89,706	157,329					
産出額	20,613	221,901	175,261	417,774					

資料：中国国家統計局「中国 2020 年投入産出表」より作成

注：この表の産業分類は、中国における産業分類の定義（コラム㉓中国の標準産業分類（GB/T4754）を参照）で
はなく、日本における産業分類の定義（コラム㉒日本標準産業分類（JSIC）を参照）に合わせている。

参 考 図 書

1. SNA 関係の参考書（出版年順）

武野秀樹（1970）『国民経済計算の基礎』東洋経済新報社

倉林義正・作間逸雄（1980）『国民経済計算』東洋経済新報社

鈴木多加史（1980）『国民経済計算の新展開』中央経済社

桜井弘（1983）『新国民経済計算概論』八千代出版

武野秀樹（1983）『国民経済計算』有斐閣

西嶋周二・藤岡文七（1986）『国民経済計算の知識』日本経済新聞社

倉林義正（1989）『SNA の成立と発展』岩波書店

鈴木多加史（1989）『日本の国民経済計算』中央経済社

斎藤光雄（1991）『国民経済計算』創文社

白川一郎・井野靖久（1994）『ゼミナール SNA 統計・見方・使い方』東洋経済新報社

藤岡文七・渡辺源次郎（1994）『テキスト国民経済計算』国立印刷局

大住荘四郎（1997）『入門 SNA ― 国民経済計算で読む日本経済 ―』日本評論社

武野秀樹・金丸哲編著（1997）『国民経済計算とその拡張』勁草書房

金丸哲（1999）『1993SNA の基本構造』多賀出版

中村洋一（1999）『SNA 統計入門』日本経済新聞社

武野秀樹（2001）『国民経済計算入門』有斐閣

浜田浩児（2001）『93SNA の基礎』東洋経済新報社

西日本理論経済学会編（2002）『国民経済計算の新たな展開』勁草書房

作間逸雄（2003）『SNA がわかる経済統計学』有斐閣

武野秀樹（2004）『GDP とはなにか　経済統計の見方・考え方』中央経済社

藤田宏二（2004）『新 SNA の世界 ― 経済循環の統計 ―』晃洋書房

許憲春著・作間逸雄監修・李潔訳者代表（2009）『詳説中国 GDP 統計 ― MPS から SNA へ』新曜社

中村洋一（2010）『新しい SNA ― 2008SNA の導入に向けて』財団法人日本統計協会

河野正男・大森明（2012）『マクロ会計入門 ― 国民経済計算への会計的アプローチ』中央経済社

ダイアン・コイル（著）高橋璃子（翻訳）（2015）『GDP ―〈小さくて大きな数字〉の歴史』みすず書房

李潔（2016）『入門 GDP 統計と経済波及効果分析』大学教育出版

中村洋一（2017）『GDP 統計を知る ― 大きく変わった国民経済計算』一般財団法人日本統計協会

佐々木浩二（2021）『マクロ経済の統計 ― はじめての SNA ―』三恵社

辻村雅子・辻村和佑（2021）『マクロ経済統計と構造分析：もう一つの国民経済勘定体系を求めて』慶応義塾大学出版会

経済協力開発機構（2022）『OECD 国民経済計算 2020』柊風舎

内閣府『基礎から分かる国民経済計算』（http://www.esri.cao.go.jp/jp/sna/seibi/kouhou/93kiso/kiso_top.html）

内閣府経済社会総合研究所国民経済計算部（2016）『2008SNA に対応した我が国 国民経済計算について（平成 23 年基準版）』（http://www.esri.cao.go.jp/jp/sna/seibi/2008sna/pdf/20161130_2008sna.pdf）

内閣府経済社会総合研究所国民経済計算部編『季刊国民経済計算』メディアランド

内閣府経済社会総合研究所編『国民経済計算年報（各年版）』メディアランド

2．産業連関分析に関する参考書（出版年順）

森嶋通夫（1955）『産業連関と経済変動』有斐閣

森嶋通夫（1956）『産業連関論入門』創文社

市村真一（1957）『日本経済の構造』創文社

W. W. Leontief 著 山田勇・家元秀太郎訳（1959）『アメリカ経済の構造』東洋経済新報社

宮沢健一（1966）『産業構造分析入門』有斐閣

金子敬生（1967）『経済変動と産業連関』新評論

内田忠夫・辻村江太郎・宮澤健一・宮下藤太郎編（1968）『近代経済学講座計量分析編（3）　産業連関分析』有斐閣

W. W. Leontief 著 新飯田宏訳（1969）『産業連関分析』岩波書店

辻村江太郎・黒田昌祐（1974）『日本経済の一般均衡分析』筑摩書房

金子敬生編（1976）『産業連関分析』有斐閣双書

新飯田宏（1978）『産業連関分析入門』東洋経済新報社

横倉弘行（1988）『産業連関論入門』青木書店

横倉弘行（1990）『産業連関分析入門 ― パソコンによる Leontief』窓社

佐々木信彰・田畑理一・金澤孝彰共編訳（1991）『中国産業連関表：資料と解説』晃洋書房

土居英二他編著（1996）『はじめよう地域産業連関分析』日本評論社

藤川清史（1999）『グローバル経済の産業連関分析』創文社

朝倉啓一郎・早見均・溝下雅子・中村政男・中野諭・篠崎美貴・鷲津明由・吉岡完治（2001）『環境分析用産業連関表』慶応義塾大学出版会

宮沢健一（2002）『産業連関分析入門 ― 経済学入門シリーズ（日経文庫）』日本経済新聞社

井出真弘（2003）『Excel による産業連関分析入門』産業能率大学出版部

吉岡完治・早見均・松橋隆治・大平純彦・鷲津明由（2003）『環境の産業連関分析』日本評論社

藤川清史（2005）『産業連関分析入門』日本評論社

李潔（2005）『産業連関構造の日中・日韓比較と購買力平価』大学教育出版

朝倉啓一郎（2006）『産業連関計算の新しい展開』九州大学出版会

太田和博・加藤一誠（2006）『交通の産業連関分析 日本交通政策研究会研究双書』日本評論社

中野諭・早見均・中村政男・鈴木将之（2008）『環境分析用産業連関表とその応用』慶応義塾大学出版会

中村慎一郎（2008）『Excel で学ぶ産業連関分析』エコノミスト社

安田秀穂（2008）『自治体の経済波及効果の算出 ― パソコンでできる産業連関分析』学陽書房

仁平耕一（2008）『産業連関分析の理論と適用 敬愛大学学術叢書』白桃書房

石村貞夫・劉晨・玉村千治（2009）『Excel でやさしく学ぶ産業連関分析』日本評論社

佐々木純一郎・石原慎士・野崎道哉（2009）『地域ブランドと地域経済 ― ブランド構築から地域産業連関分析まで（新版）』同友館

宍戸駿太郎監修 環太平洋産業連関分析学会編（2010）『産業連関分析ハンドブック』東洋経済新報社

渡邉隆俊（2010）『地域経済の産業連関分析』成文堂

入谷貴夫（2012）『地域と雇用をつくる産業連関分析入門』自治体研究社

玉村千治・桑森啓（2014）『国際産業連関分析論 ― 理論と応用』アジア経済研究所

小長谷一之・前川知史（2014）『経済効果入門 地域活性化・企画立案・政策評価のツール』日本評論社

総務省編（2015）『産業連関表〈平成23年総合解説編〉』経済産業調査会

浅利一郎・土居英二（2016）『地域間産業連関分析の理論と実際』日本評論社

藤川清史（2016）『中国経済の産業連関分析と応用一般均衡分析』法律文化社

土居英二・浅利一郎・中野親徳（2019）『はじめよう地域産業連関分析（改訂版）［基礎編］』日本評論社

土居英二・浅利一郎・中野親徳（2020）『はじめよう地域産業連関分析（改訂版）［事例分析編］』日本評論社

吉本諭（2021）『フードシステムの産業連関分析 ― 北海道の食産業を考える ―』農業統計出版

桑森啓編（2022）『アジア国際産業連関表 ― 延長推計と国際生産ネットワーク分析への応用』日本貿易振興機構アジア経済研究所

萩野覚（2022）『グローバリゼーションの統計的把握』三恵社

阿部秀明（2022）『地域経済におけるサプライチェーン強靱化の課題 ― 地域産業連関分析によるアプローチ』共同文化社

■ 著者紹介

　李　　潔　（LI Jie）

　　　現　　　職：埼玉大学　経済学部　教授
　　　最終学歴：経済学博士
　　　受賞歴：2017年経済統計学会賞
　　　主な著作
　　　『産業連関構造の日中・日韓比較と購買力平価』（単著）大学
　　　教育出版，2005年
　　　『詳説 中国GDP統計 — MPSからSNAへ』（訳者代表）新
　　　曜社，2009年
　　　『China's GDP statistics — Comparison with Japan: Estimation
　　　Methods and Relevant Statistics』Saarbrücken, Germany:
　　　Scholars' Press 2016

入門GDP統計と経済波及効果分析　第3版

2016年 4 月10日　初　版第 1 刷発行
2018年10月 1 日　第 2 版第 1 刷発行
2023年 3 月20日　第 3 版第 1 刷発行

■ 著　者——李　潔
■ 発 行 者——佐藤　守
■ 発 行 所——株式会社 大学教育出版
　　　　　　　〒700-0953　岡山市南区西市 855-4
　　　　　　　電話 (086) 244-1268　FAX (086) 246-0294
■ 印刷製本——モリモト印刷㈱

ISBN978 - 4 - 86692 - 245 - 4